근현대 전법 선맥(傳法禪脈)

75조 경허 성우(鏡虛 惺牛) 전법선사 오도송

홀연히 콧구멍 없는 소 되라는 말끝에   忽聞人語無鼻孔
삼천계가 내 집임을 단박에 깨달았네   頓覺三千是我家
유월의 연암산을 내려가는 길에서   六月鷰岩山下路
일없는 야인이 태평가를 부르노라   野人無事太平歌

76조 만공 월면(滿空 月面) 전법선사   전법게

구름과 달, 산과 계곡이라, 곳곳에서 같음이여   雲月溪山處處同
선가의 나의 제자 수산의 큰 가풍일세   叟山禪子大家風
은근히 무문인을 그대에게 분부하니   慇懃付無文印
이 기틀의 방편이 활안 중에 있노라   一段機權活眼中

* 제75조 경허 성우 전법선사 전함 / 제76조 만공 월면 전법선사 받음

77조 전강 영신(田岡 永信) 전법선사   전법게

불조도 전한 바 없어서   佛祖未曾傳
나 또한 얻은 바 없음을…   我亦無所得
가을빛 저물어 가는 날에   此日秋色暮
뒷산의 원숭이가 울고 있네   猿嘯在後峰

* 제76조 만공 월면 전법선사 전함 / 제77조 전강 영신 전법선사 받음

78대 대원 문재현(大圓 文載賢) 전법선사   전법게

부처와 조사도 일찍이 전한 것이 아니거늘   佛祖未曾傳
나 또한 어찌 받았다 하며 준다 할 것인가   我亦何受授
이 법이 2천년대에 이르러서   此法二千年
널리 천하 사람을 제도하리라   廣度天下人

부송(付頌)

어상을 내리지 않고 이러-히 대한다 함이여   不下御床對如是
뒷날 돌아이가 구멍 없는 피리를 불리니   後日石兒吹無孔
이로부터 불법이 천하에 가득하리라   自此佛法滿天下

* 제77조 전강 영신 전법선사 전함 / 제78대 대원 문재현 전법선사 받음

이 오도송과 전법게는 대원 문재현 선사님께서 법리에 맞도록 새롭게 번역한 것입니다.

불조정맥 제 77조 대한불교 조계종 전강 대선사님께서는, 16세에 출가하여 23세 때 첫 깨달음을 얻고 25세에 인가를 받으셨다. 당대의 7대 선지식인 만공, 혜봉, 혜월, 한암, 금봉, 보월, 용성 선사님의 인가를 한 몸에 받으셨으며, 이 중 만공 선사님께 전법게를 받아 그 뒤를 이으셨다. 당대의 선지식들이 모두 극찬할 정도로 그 법이 뛰어나서 '지혜제일 정전강'이라 불렸다.

33세의 최연소의 나이로 통도사 조실을 하셨고, 법주사, 망월사, 동화사, 범어사, 천축사, 용주사, 정각사 등 유명선원 조실을 역임하시고 인천 용화사 법보선원의 조실로 일생을 마치셨다.

1975년 1월 13일, 용화사 법보선원의 천여 명 대중 앞에서 "어떤 것이 생사대사(生死大事)인고?" 자문한 후에 "악! 구구는 번성(飜成) 팔십일이니라."라고 법문한 뒤, 눈을 감고 좌탈입망하셨다.

다비를 하던 날, 화려한 불빛이 일고 정골에서 구슬 같은 사리가 무수히 나왔다. 열반하시기까지 한결같이 공안 법문으로 최상승법을 드날리셨으니 그 투철한 깨달음과 뛰어난 법, 널리 교화하기를 그치지 않으셨던 점에 있어서 한국 근대 선종의 거목이라 일컬어지고 있다.

불조정맥 제78대 대원 문재현 전법선사님
- 전강대법회에서 법문 중 할을 하시는 모습

오로지 정법만을 깨닫기 서원합니다.

입을 열면 정법만을 설하기 서원합니다.

중생이 다하는 그날까지 교화하기 서원합니다.

－대원 문재현 전법선사의 3대 서원

불교 8대 선언문

불교는 자신에게서 영생을 발견하게 한 유일한 종교이다.
불교는 자신에게서 모든 지혜를 발견하게 한 유일한 종교이다.
불교는 자신에게서 모든 능력을 발견하게 한 유일한 종교이다.
불교는 자신에게서 모든 것을 이루게 한 유일한 종교이다.
불교는 자신에게서 극락을 발견하게 한 유일한 종교이다.
불교는 깨달으면 차별 없어 평등하다는 유일한 종교이다.
불교는 모든 억압 없이 자신감을 갖게 한 유일한 종교이다.
불교는 그러므로 온 누리에 영원할 만인의 종교이다.

– 대원 문재현 전법선사 주창

전세계의 불교계에서 통일시켜야 할 일

경전의 말씀대로 32상과 80종호를 갖춘 불상으로 통일해야 한다.

예불 드리는 법을 통일해야 한다.

불공의식을 통일해야 한다.

　　　　　　　　　　　　　　　　　- 대원 문재현 전법선사 주창

2015년 성불사 국제정맥선원 하계수련회 중 대원 문재현 선사님의 선화지도

대방광불화엄경

大 方 廣 佛 華 嚴 經

제 19 권

승야마천궁품 　 야마궁중게찬품 　 십행품

乘夜摩天宮品 　 夜摩宮中偈讚品 　 十行品

도서출판 문젠(구, 바로보인)은 정맥선원에서 운영하고 있습니다.

* 인제산(人濟山) 성불사(成佛寺) 국제정맥선원
경기도 포천시 내촌면 소리개길 86-178 ☎ 031-531-8805
* 인제산(人濟山) 이륜절 포천정맥선원
경기도 포천시 내촌면 소리개길 86-123 ☎ 031-532-1918
* 도봉산(道峯山) 도봉정사(道峯精舍) 서울정맥선원
서울시 도봉구 도봉로 921 문젠빌딩 2층 ☎ 02-3494-0122
* 백양산(白楊山) 자모사(慈母寺) 부산정맥선원
부산시 동래구 아시아드대로 114번길 10 대륙코리아나 2층 212호 ☎ 051-503-6460
* 자모산(慈母山) 육조사(六祖寺) 청도정맥선원
경북 청도군 매전면 동산리 산 50 ☎ 010-4543-2460
* 광암산(光巖山) 성도사(成道寺) 광주정맥선원
광주광역시 광산구 삼도광암길 34 ☎ 062-944-4088
* 대통산(大通山) 대통사(大通寺) 해남정맥선원
전남 해남군 화산면 송계길 132-98 중정마을 ☎ 061-536-6366

바로보인 불법 38

화 엄 경 19권

초판 1쇄 펴낸날 단기 4351년, 불기 3045년, 서기 2018년 1월 20일

역 저 대원 문재현 선사
펴 낸 곳 도서출판 문젠(Moonzen Press)
11192,경기도 포천시 내촌면 소리개길 86-178
전화 031-534-3373 팩스 031-533-3387
신 고 번 호 2010.11.24. 제2010-000004호

윤 문 교 정 증연 강영미
편집 전자책 제작 도향 하가연
표 지 그 림 현정(玄楨)
인 쇄 가람문화사

도서출판문젠 www.moonzenpress.com
정 맥 선 원 www.zenparadise.com
사막화방지국제연대(IUPD) www.iupd.org

값 15,000원
ISBN 978-89-6870-019-4 04220
ISBN 978-89-6870-000-2 (전81권)

華嚴十無頌 화엄십무송

- 대원 문재현 선사

無相法性常顯前
상이 없는 법성은 언제나 드러나 있고

無性諸法如谷響
성품이 없는 모든 법은 골짜기에 메아리 같도다

無外作處是自在
밖이 없이 짓는 곳을 이 자재라 하는 것이니

無非華嚴大道場
화엄 대도량 아님이 없음이로다

無窮無盡光神通
궁구할 수 없고 다함 없는 광명의 신통에서

無不出生三千界
삼천대천세계가 나오지 않음이 없도다

無碍相卽大自在
걸림이 없이 서로 즉한 대자재여

無爲之法是日常
함이 없는 법이 일상이로다

無有定法隨狀況
정한 법 없어 상황을 따름이여

無上無爲妙菩提
위 없고 함이 없는 묘보리로다

바로보인 불법 ㊳

화엄경(華嚴經) 19권

대원 문재현 선사 역저

서 문

가없이 크고 넓어 광대함이여!
모양 없는 그 가운데 본래 갖춤
증득한 지혜인이라야 아네

남섬부주 일체의 나툼이여
본래의 갖춤에 비하자면
천만억분의 일도 안 된다네

이러-히 온통 온통함이여!
모두 갖춘 본연한 이 장엄을
'대방광불화엄'이라 하네

단기(檀紀) 4345년
불기(佛紀) 3039년

무등산인 대원 문재현
(無等山人 大圓 文載賢)

차 례

일러두기

1. 화엄경 본문을 지나치게 세밀하게 나누어 긴 주해를 싣지 않은 것은 그로 해서 원문의 흐름이 끊어지게 되지 않을까 하는 우려에서이다. 이런 까닭에 다만 수없이 장고(長考)하며 최대한 원문에 충실하게 번역하고 각권의 마지막이나 각품의 마지막에만 결문(結文)을 더하였다. 화엄경 본문이 이치적으로 더할 나위 없이 샅샅이 불화엄의 화장세계를 밝힌 것이라면 결문은 화엄경의 화장세계를 선(禪) 도리로 간략히 바로 끊어 보인 것이다. 이로써 경의 본뜻이 굴절 없이 전달되어 화엄의 세계가 독자의 세계가 되기를 바란다.
2. 요즈음 화엄경을 접한 이들이 최고의 경전이라 불리는 화엄경 첫머리부터 '신(神)'이라는 호칭으로 기록된 분들이 많은 것을 보고 의아하게 생각하는 경우가 있다. 화엄경의 첫머리인 세주묘엄품을 보면 이 '신(神)'이라는 호칭으로 기록된 분들이 불보살님의 화현이거나 보살마하살의 경지에서 행하는 분들임을 알 수 있다. 이런 까닭에 이 책에서는 '신(神)'을 '천제(天帝)'로 번역하였다. 예를 들면, '집금강신'은 '집금강천제'로 의역하였다. 천제는 그 세계를 다스리고 교화하는 분, 곧 깨달아, 삼매와 지혜와 덕과 신통과 방편과 변재를 갖추어서 다스리고 교화하는 분을 말한다.
3. 미주는 *로 표시하였다.

十九 승야마천궁품

爾時 如來威神力故 十方一切世界一一四天下 南閻浮提 及
須彌頂上 皆見如來 處於衆會 彼諸菩薩 悉以佛神力故 而演
說法 莫不自謂恒對於佛 爾時 世尊 不離一切菩提樹下 及須
彌山頂 而向於彼夜摩天宮寶莊嚴殿 時 夜摩天王 遙見佛來
即以神力 於其殿內 化作寶蓮華藏師子之座 百萬層級 以爲
莊嚴 百萬金網 以爲交絡 百萬華帳 百萬鬘帳 百萬香帳 百萬
寶帳 彌覆其上 華蓋鬘蓋 香蓋寶蓋 各亦百萬 周廻布列 百萬
光明 而爲照耀 百萬夜摩天王 恭敬頂禮 百萬梵王 踊躍歡喜

세존께서 보리수 아래를 떠나지 않고 야마천궁으로
향하시다

이때 여래의 위신력*으로 시방 일체 세계의 낱낱 사천하
남섬부주와 수미산 정상에서 여래께서 대중이 모인 가운
데 계시는 것을 다 보았으니, 그 모든 보살이 다 부처님의
위신력으로써 법을 널리 펴 설하기를 스스로 항상 부처님
을 대하지 않음이 없다고 하였다.

이때 세존께서는 일체 보리수 아래와 수미산 정상을 떠
나지 않고 야마천궁의 보장엄전을 향하셨다.

이때 야마천왕이 멀리 부처님께서 오시는 것을 보고 곧
신통력으로써 그 궁전 안에 보련화장 사자좌를 화현으로
만들었는데, 백만 층계가 장엄되어 있고, 백만 금그물이 서
로 교차되어 있으며, 백만 꽃휘장, 백만 화만*휘장, 백만 향
휘장, 백만 보배휘장이 그 위에 널리 덮여 있고, 꽃일산과
화만일산과 향일산과 보배일산도 각각 백만이나 어우러져
둘러싸고 있으며, 백만 광명이 비쳐 찬란하고, 백만 야마천
왕이 공경하여 정례하며, 백만 범천왕이 뛸듯이 환희하고,

百萬菩薩 稱揚讚歎 百萬天樂 各奏百萬種法音 相續不斷 百萬種華雲 百萬種鬘雲 百萬種莊嚴具雲 百萬種衣雲 周帀彌覆 百萬種摩尼雲 光明照耀 從百萬種善根所生 百萬諸佛之所護持 百萬種福德之所增長 百萬種深心 百萬種誓願之所嚴淨 百萬種行之所生起 百萬種法之所建立 百萬種神通之所變現 恒出百萬種言音 顯示諸法 時 彼天王 敷置座已 向佛世尊 曲躬合掌 恭敬尊重 而白佛言 善來世尊 善來善逝 善來如來應正等覺 唯願哀愍 處此宮殿

백만 보살들이 찬탄하며, 백만 하늘음악이 각각 백만 가
지 법음을 연주하여 서로 연이어서 끊이지 않고, 백만 가
지 꽃구름, 백만 가지 화만구름, 백만 가지 장엄구구름, 백
만 가지 옷구름이 주위를 빙 둘러 덮었으며, 백만 가지 마
니구름에서 광명이 비쳐 찬란하니, 백만 가지 선근으로 생
긴 바요, 백만의 모든 부처님께서 보호하여 지닌 바이고,
백만 가지 복덕으로 더욱 더하게 하는 바이며, 백만 가지
깊은 마음과 백만 가지 서원으로 청정히 장엄함이고, 백만
가지 행으로 생겨 일어난 바이며, 백만 가지 법으로 건립
한 바이고, 백만 가지 신통으로 변화하여 나타낸 바라, 항
상 백만 가지 말소리를 내어 모든 법을 나타내 보였다.

　이때 천왕이 자리를 펴 놓고 나서, 불세존을 향해 허리를
굽혀 합장하여 공경하고 존중하면서 부처님께 말하였다.

　"잘 오셨습니다. 세존이시여. 잘 오셨습니다. 선서*시여.
잘 오셨습니다. 여래·응공·정등각*이시여. 오직 원하옵건
대 가엾이 여기시어 이 궁전에 계시옵소서."

時 佛 受請 卽昇寶殿 一切十方 悉亦如是 爾時 天王 卽自憶
念過去佛所 所種善根 承佛威力 而說頌言

名稱如來聞十方
諸吉祥中最無上
彼曾入此摩尼殿
是故此處最吉祥

寶王如來世間燈
諸吉祥中最無上
彼曾入此淸淨殿
是故此處最吉祥

이때 부처님께서 청함을 받아들여 곧 보배궁전에 오르시니, 일체 시방에서도 다 또한 이와 같았다.
　이때 천왕은 곧 스스로 마음 깊이 지녀 잊지 않고 있던, 과거 부처님 처소에서 선근을 심었던 것을 부처님의 위신력을 받아서 게송으로 말하였다.

　명칭여래께서는 시방에 알려지시니
　모든 길상* 가운데 가장 위 없는 분이라
　그분께서 일찍이 이 마니전에 드셨기에
　이곳이 가장 길상하나이다

　보왕여래께서는 세간의 등불*이시니
　모든 길상 가운데 가장 위 없는 분이라
　그분께서 일찍이 이 청정전에 드셨기에
　이곳이 가장 길상하나이다

喜目如來見無礙
諸吉祥中最無上
彼曾入此莊嚴殿
是故此處最吉祥

然燈如來照世間
諸吉祥中最無上
彼曾入此殊勝殿
是故此處最吉祥

饒益如來利世間
諸吉祥中最無上
彼曾入此無垢殿
是故此處最吉祥

희목여래께서는 걸림 없이 보시니
모든 길상 가운데 가장 위 없는 분이라
그분께서 일찍이 이 장엄전에 드셨기에
이곳이 가장 길상하나이다

연등여래께서는 세간을 환하게 비추시니
모든 길상 가운데 가장 위 없는 분이라
그분께서 일찍이 이 수승전에 드셨기에
이곳이 가장 길상하나이다

요익여래께서는 세간을 이롭게 하시니
모든 길상 가운데 가장 위 없는 분이라
그분께서 일찍이 이 무구전에 드셨기에
이곳이 가장 길상하나이다

善覺如來無有師
諸吉祥中最無上
彼曾入此寶香殿
是故此處最吉祥

勝天如來世中燈
諸吉祥中最無上
彼曾入此妙香殿
是故此處最吉祥

無去如來論中雄
諸吉祥中最無上
彼曾入此普眼殿
是故此處最吉祥

선각여래께서는 스승 없는 분이시니
모든 길상 가운데 가장 위 없는 분이라
그분께서 일찍이 이 보향전에 드셨기에
이곳이 가장 길상하나이다

승천여래께서는 온 세상 가운데 등불이시니
모든 길상 가운데 가장 위 없는 분이라
그분께서 일찍이 이 묘향전에 드셨기에
이곳이 가장 길상하나이다

무거여래께서는 논의하는 가운데 뛰어나시니
모든 길상 가운데 가장 위 없는 분이라
그분께서 일찍이 이 보안전에 드셨기에
이곳이 가장 길상하나이다

無勝如來具衆德

諸吉祥中最無上

彼曾入此善嚴殿

是故此處最吉祥

苦行如來利世間

諸吉祥中最無上

彼曾入此普嚴殿

是故此處最吉祥

如此世界中夜摩天王 承佛神力 憶念往昔諸佛功德 稱揚讚
歎 十方世界夜摩天王 悉亦如是 歎佛功德

무승여래께서는 온갖 덕을 다 갖추셨으니
모든 길상 가운데 가장 위 없는 분이라
그분께서 일찍이 이 선엄전에 드셨기에
이곳이 가장 길상하나이다

고행여래께서는 세간을 이롭게 하시니
모든 길상 가운데 가장 위 없는 분이라
그분께서 일찍이 이 보엄전에 드셨기에
이곳이 가장 길상하나이다

이 세계의 야마천왕이 부처님의 위신력을 받아서 지난
옛적 모든 부처님의 공덕을 마음 깊이 지녀 잊지 않고 찬
탄하는 것과 같이, 시방세계의 야마천왕들도 다 또한 이와
같이 부처님의 공덕을 찬탄하였다.

爾時 世尊 入摩尼莊嚴殿 於寶蓮華藏師子座上 結跏趺坐 此
殿 忽然廣博寬容 如其天衆 諸所住處 十方世界 悉亦如是

이때 세존께서 마니장엄전에 들어가서 보련화장 사자
좌 위에서 결가부좌로 앉으심에, 이 궁전이 홀연히 광대
해져서 넉넉히 수용하여 그 천상 대중이 모두 머무는 곳
과 같아졌으니, 시방세계에서도 다 또한 이와 같았다.

대원선사 결문

대원선사 결문(決文)

문 : 승야마천궁품의 경지를 보여주소서.

답 : ☺

二十 야마궁중계찬품

爾時 佛神力故 十方各有一大菩薩 一一各與佛刹微塵數菩
薩 俱 從十萬佛刹微塵數國土外諸世界中 而來集會 其名曰
功德林菩薩 慧林菩薩 勝林菩薩 無畏林菩薩 慚愧林菩薩 精
進林菩薩 力林菩薩 行林菩薩 覺林菩薩 智林菩薩 此諸菩薩
所從來國 所謂親慧世界 幢慧世界 寶慧世界 勝慧世界 燈慧
世界 金剛慧世界 安樂慧世界 日慧世界 淨慧世界 梵慧世界
此諸菩薩 各於佛所 淨修梵行 所謂常住眼佛 無勝眼佛 無住
眼佛 不動眼佛 天眼佛 解脫眼佛 審諦眼佛 明相眼佛 最上眼
佛 紺靑眼佛 是諸菩薩 至佛所已 頂禮佛足 隨所來方 各化作
摩尼藏師子之座 於其座上 結跏趺坐

시방의 큰 보살들이 가는 티끌 수 만큼의 보살들과
함께 법회에 모이다

이때 부처님의 위신력으로 시방에 제각기 있는 큰 보살 한
분 한 분이 각각 부처님세계 가는 티끌 수만큼의 보살들과
함께, 십만 부처님세계 가는 티끌 수만큼의 국토 밖에 있는
모든 세계 가운데로부터 와서 법회에 모였다. 그 이름은 공
덕림보살, 혜림보살과 승림보살, 무외림보살, 참괴림보살, 정
진림보살, 역림보살, 행림보살, 각림보살, 지림보살이다.

이 모든 보살이 온 국토를 말하자면 친혜세계, 당혜세계,
보혜세계, 승혜세계, 등혜세계, 금강혜세계, 안락혜세계,
일혜세계, 정혜세계, 범혜세계이다.

이 모든 보살이 각각 부처님 처소에서 범행을 청정히 닦
았으니, 상주안부처님, 무승안부처님, 무주안부처님, 부동
안부처님, 천안부처님, 해탈안부처님, 심제안부처님, 명상
안부처님, 최상안부처님, 감청안부처님이다.

이 모든 보살이 부처님 처소에 이르러 부처님 발에 정례
하고, 온 방위에 따라 제각기 마니장 사자좌를 화현으로
만들고, 그 사자좌에 결가부좌로 앉았다.

如此世界中夜摩天上 菩薩來集 一切世界 悉亦如是 其諸
菩薩世界如來 所有名號 悉等無別 爾時 世尊 從兩足上 放
百千億妙色光明 普照十方一切世界 夜摩宮中佛及大衆 靡
不皆現

이 세계 가운데의 야마천상에 보살들이 와서 모인 것처럼 일체 세계에서도 다 또한 이와 같았으니, 그 모든 보살의 세계와 여래의 모든 명호도 다 같아서 다름이 없었다.

이때 세존께서 두 발 위로부터 백천억의 묘한 광명의 빛을 놓아 시방 일체 세계 야마천궁 가운데의 부처님과 대중들까지 널리 비추어 모두 나투지 않음이 없었다.

爾時 功德林菩薩 承佛威力 普觀十方 而說頌言

佛放大光明
普照於十方
悉見天人尊
通達無障礙

佛坐夜摩宮
普徧十方界
此事甚奇特
世間所希有

공덕림보살이 게송으로 찬탄하다

이때 공덕림보살이 부처님의 위신력을 받아서 시방을 널
리 관하고 게송으로 말하였다.

부처님께서 큰 광명 놓아
시방을 두루 비추시는
천인존이시라
통달하심으로 장애 없이 다 보게 하셨네

부처님께서 야마천궁에 앉으심
넓은 시방세계에 두루하시니
이 일이 매우 뛰어나고 특별하여
세간에선 희유한 일이라네

須夜摩天王
偈讚十如來
如此會所見
一切處咸爾

彼諸菩薩衆
皆同我等名
十方一切處
演說無上法

所從諸世界
名號亦無別
各於其佛所
淨修於梵行

수야마천왕이
게송으로 열 부처님을 찬탄하니
이 모임에서 본 것과 같이
일체 곳에서도 다 그러하네

저 모든 보살 대중이
모두 함께 나와 같은 이름이요
시방의 일체 곳에서
위 없는 법을 널리 펴 설하네

온 모든 세계의
명호가 또한 다르지 않으니
각각 그 부처님 처소에서
범행을 청정히 닦았네

彼諸如來等
名號悉亦同
國土皆豊樂
神力悉自在

十方一切處
皆謂佛在此
或見在人間
或見住天宮

如來普安住
一切諸國土
我等今見佛
處此天宮殿

그 모든 여래의
명호도 또한 다 같고
국토가 다 풍족하고 안락하며
신통력이 모두 자재하시네

시방의 일체 곳에서
모두 부처님 여기 계신다 함이여
혹은 인간에 계신 것을 보거나
혹은 천궁에 계신 것을 보네

여래께서는 일체 모든 국토에
두루 편안히 계시지만
우리는 지금 부처님을
이곳 천궁전에서 뵈옵네

昔發菩提願
普及十方界
是故佛威力
充徧難思議

遠離世所貪
具足無邊德
故獲神通力
衆生靡不見

遊行十方界
如空無所礙
一身無量身
其相不可得

옛적에 보리의 서원을 발했던 것이
시방세계에 널리 미치니
그러므로 부처님의 위신력이
가득하고 두루하여 사의하기 어렵네

세간에서 탐하는 것을 멀리 여의어
끝없는 공덕을 구족하고
신통한 힘 얻으셨기에
중생들을 보지 못함이 없네

시방세계를 다니시되
허공처럼 걸림이 없으니
온통인 몸이요 한량없는 몸이라
그 모습은 얻는 것이 아니라네

佛功德無邊
云何可測知
無住亦無去
普入於法界

부처님 공덕 끝이 없으니
어찌 헤아려 알겠는가
머묾도 없고 감도 없이
법계에 두루 들어가시네

爾時 慧林菩薩 承佛威力 普觀十方 而說頌言

世間大導師
離垢無上尊
不可思議劫
難可得值遇

佛放大光明
世間靡不見
爲衆廣開演
饒益諸群生

혜림보살이 게송으로 찬탄하다

이때 혜림보살이 부처님의 위신력을 받아서 널리 시방을
관하고 게송으로 말하였다.

세간의 대도사여
때[垢]를 여읜 무상존이시라
불가사의한 겁에도
만나 뵙기 어렵네

부처님께서 큰 광명을 놓으니
세간에 보지 못함이 없고
중생에게 열어 널리 펴서
모든 중생을 넉넉히 이익케 하시네

如來出世間
爲世除癡冥
如是世間燈
希有難可見

已修施戒忍
精進及禪定
般若波羅蜜
以此照世間

如來無與等
求比不可得
不了法眞實
無有能得見

여래께서 세간에 나심은
세간의 어리석음의 어둠을 없앰이니
이러-한 세간의 등불은
희유하여 보기 어렵네

이미 보시와 지계와 인욕과
정진과 선정과
반야바라밀을 닦아
이로써 세간을 비추시는 분이네

여래와 같을 이 없고
비교할 바를 구하여도 얻을 수 없으니
참답고 실다운 법을 마치지 못하고는
볼 수가 없다네

佛身及神通
自在難思議
無去亦無來
說法度衆生

若有得見聞
清淨天人師
永出諸惡趣
捨離一切苦

無量無數劫
修習菩提行
不能知此義
不可得成佛

부처님은 몸과 신통이 자재하여
사의하기 어려운지라
가는 것도 없고 또한 오는 것도 없이
법을 설하여 중생을 제도하시네

만약 청정한 천상과 인간의 스승을
뵙고 얻어 들음이 있으면
모든 악취에서 영원히 벗어나
일체의 고통을 여의게 되네

한량없고 셀 수 없는 겁에
보리행을 닦아 익힐지라도
이 이치를 알지 못하면
부처를 이룰 수 없네

不可思議劫
供養無量佛
若能知此義
功德超於彼

無量刹珍寶
滿中施於佛
不能知此義
終不成菩提

불가사의한 겁에
한량없는 부처님께 공양함보다
만약 이 이치를 안다면
공덕이 저보다 뛰어날 것이네

한량없는 세계에서 진귀한 보배를
가득히 부처님께 보시 했을지라도
이 이치를 알지 못하면
끝내 보리를 이룰 수 없네

爾時 勝林菩薩 承佛威力 普觀十方 而說頌言

譬如孟夏月
空淨無雲曀
赫日揚光輝
十方靡不充

其光無限量
無有能測知
有目斯尙然
何況盲冥者

승림보살이 게송으로 찬탄하다

　이때 승림보살이 부처님의 위신력을 받아서 널리 시방을
관하고 게송으로 말하였다.

　　비유하면 초여름[孟夏月]에
　　허공이 깨끗하여 구름 낌이 없으면
　　붉은 태양광명이 드날리듯
　　시방에 충만하지 않음이 없네

　　그 광명이 한량이 없어
　　헤아려 알 수 없으니
　　눈이 있어도 오히려 그러하거늘
　　하물며 소경들이랴

諸佛亦如是
功德無邊際
不可思議劫
莫能分別知

諸法無來處
亦無能作者
無有所從生
不可得分別

一切法無來
是故無有生
以生無有故
滅亦不可得

모든 부처님도 또한 이와 같아서
공덕이 끝이 없으시니
불가사의한 겁이라 할지라도
분별로는 알지 못하네

모든 법은 온 곳도 없고
또한 지은 것도 없으며
좇아 난 바도 없어서
분별로는 깨닫지 못하네

일체 법이 옴이 없어서
그러므로 남[生]이 없나니
남이 없는 까닭으로
멸함도 없네

一切法無生
亦復無有滅
若能如是解
斯人見如來

諸法無生故
自性無所有
如是分別知
此人達深義

以法無性故
無有能了知
如是解於法
究竟無所解

일체 법이 남이 없고
또한 다시 멸함도 없나니
만약 이같이 알면
이 사람은 여래를 보게 되네

모든 법이 남이 없는 까닭으로
스스로의 성품에는 처소가 없으니
이러-히 분별해 알면
이 사람은 깊은 이치를 통달한 것이네

법은 성품이 없는 까닭으로
깨닫거나 앎이 없나니
법이란 것을 이같이 알면
구경에는 아는 바라 할 것도 없네

所說有生者
以現諸國土
能知國土性
其心不迷惑

世間國土性
觀察悉如實
若能於此知
善說一切義

남[生]이 있다고 말하는 이는
모든 국토가 나타난 것으로 말하지만
국토의 성품을 능히 알면
그 마음이 미혹하지 않네

세간과 국토의 성품을
모두 실답게 관찰하여서
만약 이것을 알면
일체의 이치를 잘 설할 것이네

爾時 無畏林菩薩 承佛威力 普觀十方 而說頌言

如來廣大身
究竟於法界
不離於此座
而徧一切處

若聞如是法
恭敬信樂者
永離三惡道
一切諸苦難

무외림보살이 게송으로 찬탄하다

　이때 무외림보살이 부처님의 위신력을 받아서 널리 시방
을 관하고 게송으로 말하였다.

　　여래의 광대하신 몸
　　구경인 저 법계에서
　　이 자리를 여의지 않고
　　일체의 곳에 두루하시네

　　만약 이러-한 법을 듣고
　　공경하여 믿고 좋아하는 이는
　　삼악도의 일체 모든 괴로움
　　영원히 여의네

設往諸世界
無量不可數
專心欲聽聞
如來自在力

如是諸佛法
是無上菩提
假使欲暫聞
無有能得者

若有於過去
信如是佛法
已成兩足尊
而作世間燈

설사 한량없고 셀 수도 없는
모든 세계를 다니더라도
오직 여래의 자재하신 힘만을
듣고 또 듣고자 할 것이네

모든 불법은 이러-하여
위 없는 보리*를
설사 잠깐만 듣고자 하여도
그 기회 얻을 수 없네

만약 지난 세상에서도
이러-한 불법을 믿었다면
이미 부처(兩足尊)를 이루어
세간의 등불이 되었을 것이네

若有當得聞
如來自在力
聞已能生信
彼亦當成佛

若有於現在
能信此佛法
亦當成正覺
說法無所畏

無量無數劫
此法甚難值
若有得聞者
當知本願力

만약 오는 세상에서도
여래의 자재하신 힘을 듣고
듣고 나서 믿음을 내면
그는 부처를 이룰 것이네

만약 지금 세상에서도
이런 불법을 믿음이 있으면
바른 깨달음을 이루어
법을 설함에 두려울 바가 없을 것이네

한량없고 수 없는 겁에도
이 법은 심히 만나기 어렵나니
만약 들은 이 있다면
본래의 원력인 줄 알아야 하네

若有能受持
如是諸佛法
持已廣宣說
此人當成佛

況復勤精進
堅固心不捨
當知如是人
決定成菩提

만약 이러-한 모든 불법을
능히 받아 지녀
이미 지닌 것을 널리 펴 설하면
이 사람은 부처를 이룰 것이네

하물며 다시 부지런히 정진하여
견고한 마음을 버리지 않는다면
이러한 사람은
결정코 보리를 성취할 줄 알아야 할 것이네

爾時 慚愧林菩薩 承佛威力 普觀十方 而說頌言

若人得聞是
希有自在法
能生歡喜心
疾除疑惑網

一切知見人
自說如是言
如來無不知
是故難思議

참괴림보살이 게송으로 찬탄하다

이때 참괴림보살이 부처님의 위신력을 받아서 널리 시방
을 관하고 게송으로 말하였다.

만약 어떤 사람이
희유하고 자재한 법을 듣고
환희심을 내면
빨리 의혹의 그물이 없어지네

일체를 알고 보는 사람이
스스로 이와 같이 말하기를
여래는 알지 못하는 것이 없으므로
사의하기 어렵다 하네

無有從無智
而生於智慧
世間常暗冥
是故無能生

如色及非色
此二不爲一
智無智亦然
其體各殊異

如相與無相
生死及涅槃
分別各不同
智無智如是

지혜 없음으로 좇아서
지혜가 생길 수 없나니
세간은 항상 어두운 까닭에
능력이 생길 수 없다네

색과 색 아닌 것
이 둘이 하나가 될 수 없는 것과 같이
지혜와 지혜 없음도 그러하여
그 몸이 제각기 크게 다르네

상과 상 없는 것과
생사와 열반*도
분별하면 각각 같지 않는 것과 같이
지혜와 지혜 없음도 이와 같네

世界始成立
無有敗壞相
智無智亦然
二相非一時

如菩薩初心
不與後心俱
智無智亦然
二心不同時

譬如諸識身
各各無和合
智無智如是
究竟無和合

세계가 처음 성립될 때에는
무너져 없어지는 모양 없나니
지혜와 지혜 없음도 그러하여
두 상이 한 때일 수는 없는 것이네

보살의 처음 마음은
나중 마음과 함께하지 않나니
지혜와 지혜 없음도 그러하여
두 마음이 동시일 수는 없는 것이네

비유하면 모든 식(識)과 몸이
각각 화합할 수 없듯이
지혜와 지혜 없음도 이러하여
끝내 화합할 수는 없네

如阿伽陀藥
能滅一切毒
有智亦如是
能滅於無智

如來無有上
亦無與等者
一切無能比
是故難值遇

마치 아가타 약이
일체의 독을 없애는 것과 같이
지혜 있음도 이러하여
지혜 없음을 능히 없애네

여래는 위 없으신 분이며
더불어 같을 이도 없어서
일체가 비교할 수 없나니
그러므로 만나기 어렵다네

爾時 精進林菩薩 承佛威力 普觀十方 而說頌言

諸法無差別
無有能知者
唯佛與佛知
智慧究竟故

如金與金色
其性無差別
法非法亦然
體性無有異

정진림보살이 게송으로 찬탄하다

이때 정진림보살이 부처님의 위신력을 받아서 널리 시방
을 관하고 게송으로 말하였다.

모든 법이 차별 없음을
아는 이가 없고
오직 부처라야 부처를 아나니
구경의 지혜인 까닭이네

마치 금과 금빛이
그 성품에는 차별 없는 것과 같이
법과 법 아님도 그러하여
성품의 몸이 다름이 있을 수 없네

衆生非衆生
二俱無眞實
如是諸法性
實義俱非有

譬如未來世
無有過去相
諸法亦如是
無有一切相

譬如生滅相
種種皆非實
諸法亦復然
自性無所有

중생이니 중생 아니니 하면
둘 다 참되고 실다움이 없는 것이니
이와 같이 모든 법의 성품도
실다운 뜻이 모두 있지 않네

비유하면 미래세에는
과거상이 없듯이
모든 법도 그러하여
일체의 상이 없네

비유하면 나고 멸하는 상
갖가지가 다 실답지 않듯이
모든 법도 그러하여
스스로의 성품[自性]이 있는 바가 없네

涅槃不可取
說時有二種
諸法亦復然
分別有殊異

如依所數物
而有於能數
彼性無所有
如是了知法

譬如算數法
增一至無量
數法無體性
智慧故差別

열반은 취하는 것이 아니어서
말을 하면 두 가지가 있게 되는 것이니
모든 법도 그러하여
분별함으로 크게 다름이 있게 되는 것이네

셈하는 바는 물질에 의하므로
셈할 것이 있거니와
저 성품은 곳이랄 것도 없으니
이와 같이 법을 밝게 알아야 하는 것이네

비유하면 수를 계산하는 법은
하나씩 더하여 한량없음에 이르듯이
수의 법은 성품의 몸*이 없어서
지혜로써만 차별하는 것이네

譬如諸世間
劫燒有終盡
虛空無損敗
佛智亦如是

如十方衆生
各取虛空相
諸佛亦如是
世間妄分別

비유하면 모든 세간은
겁의 불이 탈 때는 다하여 마치지만
허공은 무너짐이 없듯이
부처님 지혜도 이와 같네

시방의 중생들이
비었다는 것마저도 빈 것인데 모두 상을 취하려 하기에
모든 부처님도 이와 같이
세간의 망령된 분별과 같이해준 것이네

爾時力林菩薩 承佛威力 普觀十方 而說頌言

一切衆生界
皆在三世中
三世諸衆生
悉住五蘊中

諸蘊業爲本
諸業心爲本
心法猶如幻
世間亦如是

역림보살이 게송으로 찬탄하다

  이때 역림보살이 부처님의 위신력을 받아서 널리 시방을
관하고 게송으로 말하였다.

  일체의 중생세계는
  다 삼세 가운데 있고
  삼세의 모든 중생은
  다 오온 가운데 사네

  모든 온(蘊)은 업이 근본이 되고
  모든 업은 마음이 근본이 되나니
  마음의 법이란 마치 환과 같으니
  세간도 이와 같네

世間非自作
亦復非他作
而其得有成
亦復得有壞

世間雖有成
世間雖有壞
了達世間者
此二不應說

云何爲世間
云何非世間
世間非世間
但是名差別

세간이란 것은 스스로 지은 것도 아니고
또한 다른 이가 지은 것도 아닌데
그 이루어짐이 있고
또한 무너짐도 있네

비록 세간은 이루어짐도 있고
무너짐도 있지만
세간을 밝게 통달한 이는
이 두 가지를 말하지 않는다네

어떤 것을 세간이라 하고
어떤 것을 세간이 아니라 하는가
세간과 세간 아닌 것
다만 이 이름이 다를 뿐이네

三世五蘊法
說名爲世間
彼滅非世間
如是但假名

云何說諸蘊
諸蘊有何性
蘊性不可滅
是故說無生

分別此諸蘊
其性本空寂
空故不可滅
此是無生義

삼세와 오온법을
이름하여 말하기를 세간이라 하고
그것이 멸한 것을 세간이 아니라 하니
이와 같이 다만 거짓된 이름일뿐이네

어떤 것을 모든 온(蘊)이라 말하며
모든 온은 무슨 성품이 있는가
온의 성품은 없앨 것도 없으니
이런 고로 난 적도 없다[無生] 말하는 것이네

이 모든 온을 분별하면
그 성품이 본래 비어 고요해서
공한 것이므로 없앨 것도 없으니
이것이 남이 없는 이치네

衆生旣如是
諸佛亦復然
佛及諸佛法
自性無所有

能知此諸法
如實不顛倒
一切知見人
常見在其前

중생이 이미 이와 같다면
모든 부처님도 그러하니
부처라 하는 것과 모든 불법이라는 것은
스스로의 성품[自性]이 있다 할 수도 없는 것이네

이 모든 법이
실답다거나 뒤바뀜도 없는 줄을 알면
일체를 알고 보는 이
항상 그의 앞에 있음을 볼 것이네

爾時 行林菩薩 承佛威力 普觀十方 而說頌言

譬如十方界
一切諸地種
自性無所有
無處不周徧

佛身亦如是
普徧諸世界
種種諸色相
無住無來處

행림보살이 게송으로 찬탄하다

이때 행림보살이 부처님의 위신력을 받아서 널리 시방을 관하고 게송으로 말하였다.

비유하면 시방세계의
일체 모든 바탕의 종자가
자성이 있는 바가 없으되
두루변만하지 않은 곳 없듯이

부처님 몸도 그러하여
널리 모든 세계에 두루하시나
갖가지의 모든 색상이
머문 곳도 없고 온 곳도 없네

但以諸業故
說名爲衆生
亦不離衆生
而有業可得

業性本空寂
衆生所依止
普作衆色相
亦復無來處

如是諸色相
業力難思議
了達其根本
於中無所見

다만 모두 업인 까닭에
이름하여 중생이라 말하나
또한 중생을 여의고는
업도 얻을 수 없네

업의 성품 본래 공적하나
중생들이 머무른 곳이며
온갖 색상을 두루 지으나
또한 온 곳이 없네

이와 같이 모든 색상과
업력이 사의하기 어렵거늘
그 근본을 밝게 통달하면
그 가운데는 볼 곳도 없네

佛身亦如是
不可得思議
種種諸色相
普現十方刹

身亦非是佛
佛亦非是身
但以法爲身
通達一切法

若能見佛身
清淨如法性
此人於佛法
一切無疑惑

부처님 몸도 이와 같아서
생각으로 헤아릴 수 없는
갖가지 모든 색상으로
시방세계에 두루 나타내시네

몸이 또한 부처 아니고
부처 또한 몸이 아니지만
다만 법으로써 몸을 삼아
일체 법을 통달하게 하시네

만약 부처님 몸이
청정하여 법성과 같음을 보면
이 사람은 불법에
일체 의혹이 없는 것이네

若見一切法
本性如涅槃
是則見如來
究竟無所住

若修習正念
明了見正覺
無相無分別
是名法王子

만약 일체 법에서
본래 성품이 열반과 같음을 보면
이는 곧 여래를 본 것이니
끝내 머무는 곳이랄 것이 없네

만약 바른 생각을 닦아 익혀
바른 깨달음이 명료하게 드러나면
모양도 없고 분별도 없을 것이니
이 이름이 법왕자(法王子)라네

爾時 覺林菩薩 承佛威力 徧觀十方 而說頌言

譬如工畫師
分布諸彩色
虛妄取異相
大種無差別

大種中無色
色中無大種
亦不離大種
而有色可得

각림보살이 게송으로 찬탄하다

이때 각림보살이 부처님의 위신력을 받아서 널리 시방을
관하고 게송으로 말하였다.

비유하면 화가가
모든 채색을 분포해서
허망한 다른 모양을 그리나
대종(大種)*은 차별이 없네

대종 가운데는 색이 없고
색 가운데는 대종이 없지만
또한 대종을 여의고는
색을 얻을 수도 없네

心中無彩畫

彩畫中無心

然不離於心

有彩畫可得

彼心恒不住

無量難思議

示現一切色

各各不相知

譬如工畫師

不能知自心

而由心故畫

諸法性如是

마음 가운데에 그림이 없고
그림 가운데에 마음이 없지만
그러나 마음을 여의고는
그림을 얻을 수도 없네

마음이 항상 머물지 아니하여
한량없고 사의하기 어려운지라
일체 색으로 나타내 보이지만
각각 서로가 알지 못하네

비유하면 화가가
자신의 마음을 알지 못하지만
마음으로 그림을 그리듯이
모든 법의 성품도 이와 같네

心如工畫師
能畫諸世間
五蘊悉從生
無法而不造

如心佛亦爾
如佛衆生然
應知佛與心
體性皆無盡

若人知心行
普造諸世間
是人則見佛
了佛眞實性

마음은 화가와 같아
모든 세간을 능히 그려내고
오온도 다 좇아 생기나니
법마다 짓지 않음이 없네

마음이 부처인 것은 그대도 같아
부처와 같이 중생도 그러하니
부처인 마음을 알면
성품의 몸에서 모두 다함이 없네

만약 어떤 사람이 마음의 행이
널리 모든 세간을 짓는다는 것을 알면
이 사람은 곧 부처를 보아
부처의 참되고 실다운 성품에 밝다 할 것이네

心不住於身
身亦不住心
而能作佛事
自在未曾有

若人欲了知
三世一切佛
應觀法界性
一切唯心造

마음이 몸이라는 것에 머물지 않고
몸이라는 것에 또한 마음이 머물지 않으나
불사(佛事)를 능히 지음이여
그 자재함이 일찍이 없다 할 것이네

만약 어떤 사람이
삼세 일체 부처님을 알고자 하면
마땅히 법계의 성품을 관하라
일체가 오직 마음이 지은 것이네

爾時 智林菩薩 承佛威力 普觀十方 而說頌言

所取不可取
所見不可見
所聞不可聞
一心不思議

有量及無量
二俱不可取
若有人欲取
畢竟無所得

지림보살이 게송으로 찬탄하다

이때 지림보살이 부처님의 위신력을 받아서 널리 시방을
관하고 게송으로 말하였다.

취하려 해도 취할 수 없고
보려 해도 볼 수 없으며
들으려 해도 들을 수 없음이여
온통인 마음은 부사의하네

헤아릴 수 있음과 헤아릴 수 없음
둘 다 취할 수 없는 것이어서
만약 사람이 취하려 하면
끝내 얻지 못하네

不應說而說
是爲自欺誑
己事不成就
不令衆歡喜

有欲讚如來
無邊妙色身
盡於無數劫
無能盡稱述

譬如隨意珠
能現一切色
無色而現色
諸佛亦如是

설해서는 안 되는 것을 설한다면
이것은 스스로를 속이는 것이니
자기 일도 성취하지 못하면서
중생들로 하여금 기쁘게 할 수 없다 할 것이네

여래의 가없이 묘한 색신을
찬탄하고자 해도
셀 수 없는 겁이 다하도록
다 일컬어 말할 수 없네

비유하면 여의주가
일체의 색을 나타내지만
색이 없는 데서 색을 나타내듯이
모든 부처님도 이와 같네

又如淨虛空
非色不可見
雖現一切色
無能見空者

諸佛亦如是
普現無量色
非心所行處
一切莫能睹

雖聞如來聲
音聲非如來
亦不離於聲
能知正等覺

또한 청정한 허공은
색이 없는 것이어서 볼 수도 없고
비록 일체의 색을 나타내지만
허공을 보는 이는 없네

모든 부처님도 이와 같아서
널리 한량없는 색신을 나타내시나
마음으로 행할 곳도 없어서
일체를 본다고도 할 수 없네

비록 여래의 음성을 듣지만
음성이 여래가 아니며
또한 음성을 여의고
정등각을 아는 것도 아니네

菩提無來去
離一切分別
云何於是中
自言能得見

諸佛無有法
佛於何有說
但隨其自心
謂說如是法

보리는 오고 감이 없어
일체의 분별을 여의었거니
어찌하여 이 가운데에서
스스로 본다곤들 하겠는가

모든 부처님 법은 있는 것이 아닌데
부처님 어찌 설함이 있겠는가
다만 그 스스로의 마음을 따라
이러-히 법을 설할 뿐이라네

대원선사 결문

대원선사 결문(決文)

문 : 야마궁중게찬품의 도리를 요약해서 보여주소서.

답 : 십사억 사백 세를 살며
    모든 것이 절로 되는 복락을 누리면 뭣하랴···.
    온통인 마음으로 법계화 된
    자유로운 삶에 비교하면
    불가설 불가설 불가설전 겁수의
    영점 일도 못 되는 것을···

문 : 어찌하면 온통인 마음에서
    법계화 된 자유로운 삶을 누리겠습니까?

답 : 그대 이름은 무엇인가?
    험!

二十一 십행품

爾時 功德林菩薩 承佛神力 入菩薩善思惟三昧 入是三昧已
十方各過萬佛剎微塵數世界外 有萬佛剎微塵數諸佛 皆號功
德林 而現其前 告功德林菩薩言 善哉 佛子 乃能入此善思惟
三昧 善男子 此是十方各萬佛剎微塵數同名諸佛 共加於汝
亦是毘盧遮那如來 往昔願力 威神之力 及諸菩薩 眾善根力
令汝入是三昧 而演說法 爲增長佛智故 深入法界故 了知眾
生界故 所入無礙故 所行無障故

공덕림보살이 선사유삼매에 들자 공덕림이라는 명호를 가진 시방의 모든 부처님께서 나타나 위신력으로 가피하시다

이때 공덕림보살이 부처님의 위신력을 받아서 보살의 선사유 삼매에 들었다. 이 삼매에 들기를 마치니, 시방의 각각 일만 부처님세계 가는 티끌 수만큼의 세계 밖을 지나서 일만 부처님세계 가는 티끌 수만큼의 모든 부처님의 명호가 다 공덕림인데, 앞에 나타나서 공덕림보살에게 말하였다.

"착하다 불자여, 이에 이 선사유 삼매에 들었으니. 선남자여, 이는 시방의 각각 일만 부처님세계 가는 티끌 수만큼의 이름이 같은 모든 부처님이 그대에게 함께 가피하느니라. 또한 비로자나 여래의 지난 옛적의 원력과 위신력, 모든 보살의 온갖 선근의 힘으로 그대로 하여금 이 삼매에 들어서 법을 널리 펴 설하게 하려 함이니라.

부처의 지혜를 더욱 더하게 하기 위한 까닭이고, 법계에 깊이 들어가게 하기 위한 까닭이며, 중생의 세계를 밝게 알기 위한 까닭이고, 들어가는 데에 걸림이 없게 하기 위한 까닭이며, 행하는 데에 막힘이 없게 하기 위한 까닭이고,

得無量方便故 攝取一切智性故 覺悟一切諸法故 知一切諸
根故 能持說一切法故 所謂發起諸菩薩十種行 善男子 汝當
承佛威神之力 而演此法 是時 諸佛 卽與功德林菩薩 無礙智
無着智 無斷智 無師智 無癡智 無異智 無失智 無量智 無勝
智 無懈智 無奪智 何以故 此三昧力 法如是故

한량없는 방편을 얻게 하기 위한 까닭이며, 일체 지혜*의
성품을 섭수*하게 하기 위한 까닭이고, 일체 모든 법을 깨
닫게 하기 위한 까닭이며, 일체 모든 근기를 알게 하기 위
한 까닭이고, 일체 법을 지녀 설하게 하기 위한 까닭이니,
모든 보살의 열 가지 행을 일으키기 위한 것이니라. 선남자
여, 그대는 부처님의 위신력을 받아서 이 법을 널리 펴야
하느니라."

　이때 모든 부처님께서 곧 공덕림보살에게 걸림 없는 지
혜와 집착 없는 지혜와 끊어짐이 없는 지혜와 스승이 없
는 지혜와 어리석음이 없는 지혜와 다름이 없는 지혜와 잃
어버림이 없는 지혜와 한량없는 지혜와 이길 수 없는 지혜
와 게으름이 없는 지혜와 빼앗을 수 없는 지혜를 주셨으니,
무슨 까닭인가? 이 삼매의 힘인 법이 이와 같은 까닭이다.

爾時 諸佛 各伸右手 摩功德林菩薩頂 時 功德林菩薩 卽從定
起 告諸菩薩言 佛子 菩薩行 不可思議 與法界虛空界等 何以
故 菩薩摩訶薩 學三世諸佛 而修行故 佛子 何等 是菩薩摩訶
薩行 佛子 菩薩摩訶薩 有十種行 三世諸佛之所宣說 何等 爲
十 一者 歡喜行 二者 饒益行 三者 無違逆行 四者 無屈撓行
五者 無癡亂行 六者 善現行 七者 無着行 八者 難得行 九者
善法行 十者 眞實行 是爲十

공덕림보살이 선정에서 일어나 모든 부처님의 위신력
으로 모든 보살에게 십행법문을 설하다

이때 모든 부처님께서 각각 오른손을 펴시어 공덕림보살
의 정수리를 어루만지시니, 공덕림보살이 곧 선정으로부터
일어나서 모든 보살에게 말하였다.

"불자들이여, 보살의 행은 불가사의해서 법계와 허공계
로 더불어 같습니다. 무슨 까닭이겠습니까? 보살마하살은
삼세의 모든 부처님께 배워서 닦아 행하는 까닭입니다. 불
자들이여, 어떤 것을 이 보살마하살의 행이라 합니까?

불자들이여, 보살마하살이 열가지 행이 있으니, 삼세의
모든 부처님께서 널리 펴서 설하신 바입니다. 어떤 것을 열
가지라 합니까? 첫째는 환희행이요, 둘째는 넉넉히 이익을
주는 행이요, 셋째는 어기고 거슬림이 없는 행이요, 넷째는
굽히지 않는 행이요, 다섯째는 어리석음과 산란함을 여의
는 행이요, 여섯째는 잘 나타내는 행이요, 일곱째는 집착
함이 없는 행이요, 여덟째는 얻기 어려운 행이요, 아홉째
는 착한 법의 행이요, 열째는 참답고 실다운 행이니 이것
을 열 가지라 합니다."

佛子 何等 爲菩薩摩訶薩歡喜行 佛子 此菩薩 爲大施主 凡所
有物 悉能惠施 其心平等 無有悔吝 不望果報 不求名稱 不貪
利養 但爲救護一切衆生 攝受一切衆生 饒益一切衆生 爲學
習諸佛本所修行 憶念諸佛本所修行 愛樂諸佛本所修行 淸
淨諸佛本所修行 增長諸佛本所修行 住持諸佛本所修行 顯
現諸佛本所修行 演說諸佛本所修行 令諸衆生 離苦得樂

1) 제1 환희행(歡喜行)

"불자들이여, 어떤 것을 보살마하살의 환희행이라 합니까?
불자들이여, 이 보살이 큰 시주가 되어서 무릇 모든 물건을
다 은혜롭게 보시하되, 그 마음이 평등하여 후회하거나 아낌
이 없고, 과보를 바라지 않으며, 이름 일컬음을 구하지도 않
고, 이익 취함을 탐하지도 않습니다. 다만 일체 중생을 구원하
여 보호하기를 위함이고, 일체 중생을 섭수하기를 위함이며,
일체 중생을 넉넉히 이익을 주기 위함이고, 모든 부처님의 본
래 닦아 행하신 바를 배워 익히게 하기 위함이며, 모든 부처님
의 본래 닦아 행하신 바를 마음 깊이 지녀 잊지 않기 위함이
고, 모든 부처님의 본래 닦아 행하신 바를 사랑하고 즐겨 함
이며, 모든 부처님의 본래 닦아 행하신 바를 청정하게 함이고,
모든 부처님의 본래 닦아 행하신 바를 더욱 더하게 함이며, 모
든 부처님의 본래 닦아 행하신 바를 주관하게 함이고, 모든 부
처님의 본래 닦아 행하신 바를 나툴 수 있게 함이며, 모든 부
처님의 본래 닦아 행하신 바를 널리 펴 설하여 모든 중생으
로 하여금 괴로움을 여의고 즐거움을 얻게 하려는 것입니다.

佛子 菩薩摩訶薩 修此行時 令一切衆生 歡喜愛樂 隨諸方土
有貧乏處 以願力故 往生於彼豪貴大富 財寶無盡 假使於念
念中 有無量無數衆生 詣菩薩所 白言 仁者 我等 貧乏 靡所
資贍 飢羸困苦 命將不全 唯願慈哀 施我身肉 令我得食 以活
其命 爾時 菩薩 卽便施之 令其歡喜 心得滿足 如是無量百千
衆生 而來乞求 菩薩 於彼 曾無退怯 但更增長慈悲之心

불자들이여, 보살마하살이 이 행을 닦을 때에 일체 중생으로 하여금 기쁘고 사랑하며 즐겁게 하려 하나니, 모든 곳의 가난하고 궁핍함을 원력으로써 호화롭고 크게 부귀하게 하여, 보배 재물이 다함이 없는 곳에 태어납니다.

설사 생각마다 한량없고 수 없는 중생들이 보살의 처소에 이르러 말하기를 '어진 이시여, 우리는 가난하고 궁핍하여 재물이 넉넉한 바가 없어 굶주려 야위어 어렵고 고생스러워 목숨이 온전치 않으니, 오직 원하옵건대 자비로 불쌍히 여기어 우리들에게 몸의 살을 보시하여 먹고 목숨을 살리게 하소서.' 라고 한다면, 이때 보살은 곧 보시하여 그들로 하여금 환희하게 하고 마음에 만족을 얻게 합니다. 이와 같이 한량없는 백천 중생이 와서 구걸할지라도 보살은 일찍이 그것에 물러서거나 겁내지 않고, 다만 자비한 마음만 더욱 더합니다.

以是衆生 咸來乞求 菩薩 見之 倍復歡喜 作如是念 我得善利
此等衆生 是我福田 是我善友 不求不請 而來敎我入佛法中
我今應當如是修學 不違一切衆生之心 又作是念 願我已作
現作當作所有善根 令我未來 於一切世界一切衆生中 受廣
大身 以是身肉 充足一切飢苦衆生 乃至若有一小衆生 未得
飽足 願不捨命 所割身肉 亦無有盡

이 중생들이 모두 와서 구걸함에 보살이 그것을 보고 갑절이나 더 환희하여 이와 같은 생각을 합니다.

'내가 좋은 이익을 얻었구나. 이 중생들은 나의 복밭이고 착한 벗이니, 구하지도 않고 청하지도 않았건만 와서 내가 불법 가운데 들어가도록 가르쳐 주는구나. 내가 이제 이와 같이 배우고 닦아서 일체 중생의 마음을 어기지 아니하리라.' 라고 합니다.

또 이런 생각을 하기를 '내가 이미 지었고 지금 짓고 있고 앞으로 지을 모든 선근으로, 내가 미래에는 저 일체 세계의 일체 중생 가운데에서 광대한 몸을 받아 이 몸의 살로써 일체 굶주려 고통 받는 중생들을 충족시키리라. 만약한 작은 중생이라도 충족히 배부름을 얻지 못하면 목숨을 버리지 않을 것이며, 베어내는 몸의 살도 또한 다하지 않으리라.' 라고 합니다.

以此善根 願得阿耨多羅三藐三菩提 證大涅槃 願諸衆生 食
我肉者 亦得阿耨多羅三藐三菩提 獲平等智 具諸佛法 廣作
佛事 乃至入於無餘涅槃 若一衆生 心不滿足 我終不證阿耨
多羅三藐三菩提 菩薩 如是利益衆生 而無我想 衆生想 有想
命想 種種想 補特伽羅想 人想 摩納婆想 作者想 受者想 但觀
法界衆生界無邊際法 空法 無所有法 無相法 無體法 無處法
無依法 無作法 作是觀時 不見自身 不見施物

‘이 선근으로써 아뇩다라삼먁삼보리를 얻고 큰 열반을 증득하기를 원하며, 나의 살을 먹은 모든 중생도 또한 아뇩다라삼먁삼보리를 얻고 평등지를 얻으며, 모든 불법을 갖추어 불사를 널리 짓다가 남음이 없는 열반에 들기를 원하나이다.

만약 한 중생이라도 마음이 만족하지 않는다면, 내가 끝내 아뇩다라삼먁삼보리를 증득하지 않겠나이다.’ 라고 합니다.

보살이 이와 같이 중생을 이익케 하되 나라는 생각, 중생이라는 생각, 있다는 생각, 목숨이라는 생각, 갖가지라는 생각, 보특가라(補特伽羅)*라는 생각, 사람이라는 생각, 마납바(摩納婆)*라는 생각, 짓는 이라는 생각, 받는 이라는 생각이 없습니다.

다만 법계와 중생계의 가없고 경계 없는 법, 공한 법, 있는 바가 없는 법, 모양이 없는 법, 몸이 없는 법, 처소가 없는 법, 의지함이 없는 법, 지음이 없는 법을 관합니다. 이것을 관할 때에 자신의 몸도 보지 않고, 베푸는 물건도 보지 않으며,

不見受者 不見福田 不見業 不見報 不見果 不見大果 不見小
果 爾時 菩薩 觀去來今一切衆生 所受之身 尋卽壞滅 便作是
念 奇哉 衆生 愚癡無智 於生死內 受無數身 危脆不停 速歸
壞滅 若已壞滅 若今壞滅 若當壞滅 而不能以不堅固身 求堅
固身 我當盡學諸佛所學 證一切智 知一切法 爲諸衆生 說三
世平等隨順寂靜不壞法性 令其永得安隱快樂 佛子 是名菩
薩摩訶薩 第一歡喜行

받는 자도 보지 않고, 복밭도 보지 않으며, 업도 보지 않고, 과보도 보지 않으며, 결과도 보지 않고, 큰 결과도 보지 않으며, 작은 결과도 보지 않습니다.

이때 보살은 과거와 미래와 현재의 일체 중생의 받은 바 몸까지도 무너져 없음을 관하고 다시금 생각을 하기를, '기이하다, 중생이여. 어리석고 지혜 없어 나고 죽음 속에서 수 없는 몸을 받아서 위태하고 연약함이 멈춤이 없어 속히 무너져 없어짐으로 돌아가는구나. 이미 무너져 없거나 지금 무너져 없어지거나 앞으로 무너져 없어질 것인데, 견고하지 못한 몸으로 견고한 몸을 구하지를 않는구나. 내가 모든 부처님께서 배우신 바를 다 배워서 일체 지혜를 증득하여 일체 법을 알고, 모든 중생을 위하여 삼세가 평등해 고요함을 따르며, 무너짐이 없는 법의 성품을 설해서 그들로 하여금 편안한 즐거움을 영원히 얻게 하리라.' 합니다. 불자들이여, 이것을 보살마하살의 첫째 환희행이라 이름합니다."

佛子 何等 爲菩薩摩訶薩 饒益行 此菩薩 護持淨戒 於色聲香
味觸 心無所着 亦爲衆生 如是宣說 不求威勢 不求種族 不求
富饒 不求色相 不求王位 如是一切 皆無所着 但堅持淨戒 作
如是念 我持淨戒 必當捨離一切纒縛 貪求熱惱 諸難逼迫 毁
謗亂濁 得佛所讚平等正法 佛子 菩薩 如是持淨戒時 於一日
中 假使無數百千億那由他諸大惡魔

2) 제2 넉넉히 이익을 주는 행(饒益行)

"불자들이여, 어떤 것을 보살마하살의 넉넉히 이익을 주는 행이라 합니까? 이 보살이 청정한 계율을 보호하여 지녀서 색과 소리와 향기와 맛보는 것과 감촉하는 것에 마음이 집착된 바가 없고, 또한 중생들을 위하여서도 이와 같이 널리 펴 설합니다. 위엄이 있는 기세를 구하지도 않고, 종족을 가리지도 않으며, 재물이 풍부함을 구하지도 않고, 색상을 구하지도 않으며, 왕위를 구하지도 아니하여 이와 같은 일체에 집착한 바가 없습니다. 다만 청정한 계율을 견고하게 지키면서 이와 같이 생각하기를 '내가 청정한 계율을 지키는 것은 반드시 일체 얽히는 것과 탐하여 구하는 것과 극심한 괴로움과 모든 환란과 핍박과 훼방함과 어지럽고 혼탁한 것을 버리고 부처님께서 칭찬하시는 바 평등한 정법을 얻으려는 것이다.' 라고 합니다.

불자들이여, 보살이 이와 같이 청정한 계율을 지킬 때에 저 하루 동안에 설사 수 없는 백천억 나유타 수의 모든 큰 악마가

詣菩薩所 一一各將無量無數百千億那由他天女 皆於五欲 善
行方便 端正姝麗 傾惑人心 執持種種珍玩之具 欲來惑亂菩
薩道意 爾時菩薩 作如是念 此五欲者 是障道法 乃至障礙無
上菩提 是故 不生一念欲想 心淨如佛 唯除方便 敎化衆生 而
不捨於一切智心 佛子 菩薩 不以欲因緣故 惱一衆生 寧捨身
命 而終不作惱衆生事 菩薩 自得見佛已來 未曾心生一念欲
想 何況從事 若或從事 無有是處

보살의 처소에 오면서, 낱낱이 각각 한량없고 수 없는 백천억 나유타 수의 천녀들을 거느리고 왔는데 다 오욕에 방편을 잘 행하여 단정하고 예쁘고 화려하여 사람의 마음을 흔들어 홀리게 하며, 갖가지 보배기구를 가지고 와서 보살의 도 닦는 뜻을 어지럽게 하려고 할 때에 보살은 이와 같이 생각하기를, '이 오욕이라는 것은 도법을 장애하는 것이며, 나아가서 위 없는 보리까지도 장애하는 것이라.' 하여 이런 고로 한 생각이라도 욕심을 내지 아니하고 부처님과 같이 마음을 깨끗하게 하지만 오직 방편으로 중생을 교화하는 일만은 제외하여 일체 지혜의 마음은 버리지 않습니다.

불자들이여, 보살은 오욕으로 인연하여서는 한 중생도 괴롭게 하지 않나니, 차라리 신명을 버릴지언정 끝내 중생을 괴롭게 하는 일은 짓지 않습니다. 보살이 부처님을 뵌 후로는 일찍이 한 생각이라도 욕심의 생각을 내지 아니해야 하거늘 어찌 하물며 좇기를 일삼으리오. 만약 좇기를 일삼는다면 옳은 것이 아닙니다.

爾時 菩薩 但作是念 一切衆生 於長夜中 想念五欲 趣向五欲
貪着五欲 其心決定 耽染 沈溺 隨其流轉 不得自在 我今應當
令此諸魔 及諸天女 一切諸生 住無上戒 住淨戒已 於一切智
心無退轉 得阿耨多羅三藐三菩提 乃至入於無餘涅槃 何以
故 此是我等 所應作業 應隨諸佛 如是修學 作是學已 離諸惡
行 計我無知 以智入於一切佛法 爲衆生說 令除顚倒

그때 보살이 다만 이런 생각을 하기를, '일체 중생이 길고 긴 어두운 밤중에 오욕을 생각하고, 오욕으로 향해 나아가며, 오욕에 탐착하면서, 그 마음에 결정하여, 물들고 빠져서, 그것을 따라 끊임없이 흘러 자재함을 얻지 못하는구나. 내가 이제 모든 마군과 모든 천녀와 일체 모든 중생을 위 없는 계율[戒]에 머물게 할 것이며, 깨끗한 계율에 머문 뒤에는 일체의 지혜에서 마음이 퇴전하지 않게 하여 아뇩다라삼먁삼보리를 얻어 남음이 없는 열반에 들게 하리라.

　무슨 까닭인가? 이것이 우리들이 해야 할 일이라. 모든 부처님을 따라 이와 같이 배우고 닦으리라.' 라고 합니다.

　이렇게 배우면 모든 악행과 나라는 것을 헤아리는 무지를 여의고, 지혜로써 일체 불법에 들어가서 중생을 위해 설하여 엎어지고 거꾸러짐을 없게 합니다.

然知不離衆生 有顚倒 不離顚倒 有衆生 不於顚倒內 有衆生
不於衆生內 有顚倒 亦非顚倒 是衆生 亦非衆生 是顚倒 顚倒
非內法 顚倒 非外法 衆生 非內法 衆生 非外法 一切諸法 虛
妄不實 速起速滅 無有堅固 如夢如影 如幻如化 誑惑愚夫 如
是解者 卽能覺了一切諸行 通達生死 及與涅槃 證佛菩提 自
得度 令他得度 自解脫 令他解脫 自調伏 令他調伏 自寂靜
令他寂靜

그러나 중생을 떠나서 엎어지고 거꾸러짐이 있지 않고, 엎어지고 거꾸러짐을 떠나서 중생이 있지도 않으며, 엎어지고 거꾸러짐 속에 중생이 있지도 않고, 중생 속에 엎어지고 거꾸러짐이 있지도 않으며, 또한 엎어지고 거꾸러짐이 중생도 아니고 또한 중생이 엎어지고 거꾸러진 것도 아닙니다. 엎어지고 거꾸러진 것이 안의 법도 아니요 엎어지고 거꾸러진 것이 밖의 법도 아니며, 중생이 안의 법도 아니요 중생이 밖의 법도 아닌 줄을 압니다. 일체 모든 법은 허망하고 실답지 않아 속히 일어나고 속히 없어지는 것입니다. 견고하지 못하여 꿈과 같고 그림자와 같으며 환과 같고 요술 같아 범부를 속이고 미혹하게 하는 것입니다. 이것을 아는 자는 곧 일체 모든 행을 깨달아 마쳐 나고 죽음과 열반을 통달해서 부처님의 보리를 증득하게 됩니다. 스스로도 제도하고 다른 이도 제도하며, 스스로도 해탈하고 다른 이도 해탈하게 하며, 스스로도 조복하고 다른 이도 조복하게 하며, 스스로도 적정하고 다른 이도 적정하게 하며,

自安隱 令他安隱 自離垢 令他離垢 自清淨 令他清淨 自涅槃
令他涅槃 自快樂 令他快樂 佛子 此菩薩 復作是念 我當隨順
一切如來 離一切世間行 具一切諸佛法 住無上平等處 等觀
衆生 明達境界 離諸過失 斷諸分別 捨諸執着 善巧出離 心恒
安住無上無說無依無動無量無邊無盡無色甚深智慧 佛子 是
名菩薩摩訶薩 第二饒益行

스스로도 편안하고 다른 이도 편안하게 하며, 스스로도 번뇌를 여의고 다른 이도 번뇌를 여의게 하며, 스스로도 청정하고 다른 이도 청정하게 하며, 스스로도 열반에 들고 다른 이도 열반에 들게 하며, 스스로도 쾌락하고 다른 이도 쾌락하게 합니다.

불자들이여, 이 보살이 다시 이런 생각을 하기를 '내가 일체 여래를 따라서 일체 세간행을 여의고, 일체 모든 불법을 갖추며, 위 없는 평등한 곳에 머물고, 중생을 평등하게 보며, 경계를 밝게 통달하고, 모든 허물을 여의며, 모든 분별을 끊고, 모든 집착을 버리며, 벗어났다는 것마저 여의고, 마음은 항상 위 없고 설함이 없으며 의지함이 없고 움직임이 없으며 한량없고 가없으며 다함이 없고 색이 없으며 심히 깊은 지혜에 편안히 머물리라.' 합니다. 불자들이여, 이것을 보살마하살의 둘째 넉넉히 이익을 주는 행이라 이름합니다."

佛子 何等 爲菩薩摩訶薩 無違逆行 此菩薩 常修忍法 謙下恭敬 不自害 不他害 不兩害 不自取 不他取 不兩取 不自着 不他着 不兩着 亦不貪求名聞利養 但作是念 我當常爲衆生說法 令離一切惡 斷貪瞋癡 驕慢覆藏 慳嫉諂誑 令恒安住忍辱柔和 佛子 菩薩 成就如是忍法 假使有百千億那由他阿僧祇衆生 來至其所 一一衆生 化作百千億那由他阿僧祇口 一一口 出百千億那由他阿僧祇語

3) 제3 어기고 거슬림이 없는 행(無違逆行)

"불자들이여, 어떤 것을 보살마하살의 어기고 거슬림이 없는 행이라 합니까? 이 보살이 항상 참는 법을 닦아 겸손하고 공경하여 스스로도 해함이 없고 다른 이도 해함이 없게 하고 둘 다 해함이 없으며, 스스로도 취함이 없고 다른 이도 취함이 없게 하고 둘 다 취함이 없으며, 스스로도 집착함이 없고 다른 이도 집착함이 없게 하고 둘 다 집착함이 없습니다.

또한 이름이 나고 이로움을 탐하여 구함이 없고, 다만 이런 생각을 하기를, '내가 항상 중생을 위하여 법을 설하여서 일체 악함을 여의고 탐욕과 성냄과 어리석음과 교만함과 덮어 숨기는 것과 인색하고 투기하는 것과 아첨하고 속이는 것을 끊게 하며 부드럽게 화평하여 참고 견디는 데 편안히 머물게 하리라.' 합니다.

불자들이여, 보살이 이와 같이 참는 법을 성취하면 설사 백천억 나유타 아승기 수의 중생이 그 처소에 와서 이르러 낱낱 중생이 백천억 나유타 아승기 수의 입을 변화로 나타내서 낱낱의 입으로 백천억 나유타 아승기 수의 말을 내니,

所謂不可喜語 非善法語 不悅意語 不可愛語 非仁賢語 非聖
智語 非聖相應語 非聖親近語 深可厭惡語 不堪聽聞語 以是
言辭 毀辱菩薩 又此衆生 一一各有百千億那由他阿僧祇手
一一手 各執百千億那由他阿僧祇器仗 逼害菩薩 如是經於
阿僧祇劫 曾無休息 菩薩 遭此極大楚毒 身毛皆豎 命將欲斷
作是念言 我因是苦 心若動亂 則自不調伏 自不守護 自不明
了 自不修習 自不正定 自不寂靜

즐겁지 못한 말과 착하지 못한 법의 말과 기쁘지 아니한 뜻의 말과 사랑스럽지 못한 말과 어질지 못한 말과 성인의 지혜가 아닌 말과 성인과 맞지 않은 말과 성인과 친근함이 되지 못한 말과 심하게 싫어하고 미워하는 말과 감당하여 들을 수 없는 말들입니다.

이런 언사로써 보살을 훼방하여 욕되게 하며, 또 이 중생들이 낱낱이 각각 백천억 나유타 아승기 수의 손이 있어, 낱낱 손마다 각각 백천억 나유타 아승기 수의 무기를 잡고 보살을 핍박하여 해롭게 하여서 이같이 아승기겁을 지나도록 일찍이 휴식함이 없습니다. 보살이 이 극히 큰 괴로운 독을 만나서 몸의 털이 다 곤두서고 목숨이 장차 끊어지려 할지라도 이런 생각을 하기를, '내가 이 고통으로 인하여 마음이 만약 움직여 어지러우면 곧 스스로 조복하지 못함이고, 스스로 수호하지 못함이며, 스스로 밝게 마치지 못함이고, 스스로 닦아 익히지 못함이며, 스스로 바른 정(定)도 아니고, 스스로 열반[寂靜]도 아니며,

自不愛惜 自生執着 何能令他 心得淸淨 菩薩 爾時 復作是念
我從無始劫 住於生死 受諸苦惱 如是思惟 重自勸勵 令心淸
淨 而得歡喜 善自調攝 自能安住於佛法中 亦令衆生 同得此
法 復更思惟 此身 空寂 無我我所 無有眞實 性空無二 若苦
若樂 皆無所有 諸法空故 我當解了 廣爲人說 令諸衆生 滅除
此見

스스로 사랑하지도 아끼지도 못하여 스스로 집착을 내는 것이니 어찌 다른 사람으로 하여금 마음을 청정하게 할 수 있겠는가?' 라고 합니다.

보살이 이때에 다시 생각하기를, '내가 비롯함이 없는 겁으로부터 나고 죽음에 머물러 모든 괴로움을 받았구나.' 합니다. 이와 같이 사유하여 거듭 스스로를 격려하고 마음을 청정케 하여 환희함을 얻고, 스스로 잘 다스리고 추슬러서 불법 가운데에 편안히 머물며, 또한 중생들로 하여금 이런 법을 얻게 합니다.

다시 또 사유하기를, '이 몸은 비고 고요하여 나와 나라는 바가 없고, 진실함이 없으며, 성품이 공하여 두 가지가 없으므로 괴로움과 즐거움이 모두 다 없는 것이다. 모든 법이 공하므로 내가 깨달아 마쳐서 널리 다른 사람을 위해 설하여 모든 중생으로 하여금 이런 소견을 멸하여 없애게 할 것이다.

是故我今 雖遭苦毒 應當忍受 爲慈念衆生故 饒益衆生故 安
樂衆生故 憐愍衆生故 攝受衆生故 不捨衆生故 自得覺悟故
令他覺悟故 心不退轉故 趣向佛道故 是名菩薩摩訶薩 第三
無違逆行

이런 까닭에 내가 이제 비록 괴로운 독을 만날지라도 참고 견디어야 할 것이니, 중생을 자비로 생각하는 까닭이고, 중생을 넉넉히 이익하게 하기 위한 까닭이며, 중생을 안락하게 하기 위한 까닭이고, 중생을 불쌍히 여기는 까닭이며, 중생을 섭수하는 까닭이고, 중생을 버리지 않는 까닭이며, 스스로 깨달음을 얻는 까닭이고, 다른 이를 깨닫게 하려는 까닭이며, 마음이 퇴전하지 않는 까닭이고, 부처님 도에 향하여 나아가기 위한 까닭이라.' 합니다. 이것을 보살마하살의 셋째 어기고 거슬림이 없는 행이라 이름합니다."

佛子 何等 爲菩薩摩訶薩 無屈撓行 此菩薩 修諸精進 所謂第
一精進 大精進 勝精進 殊勝精進 最勝精進 最妙精進 上精
進 無上精進 無等精進 普徧精進 性無三毒 性無憍慢 性不覆
藏 性不慳嫉 性無諂誑 性自慚愧 終不爲惱一衆生故 而行精
進 但爲斷一切煩惱故 而行精進 但爲拔一切惑本故 而行精
進 但爲除一切習氣故 而行精進 但爲知一切衆生界故 而行
精進 但爲知一切衆生 死此生彼故 而行精進 但爲知一切衆
生煩惱故 而行精進 但爲知一切衆生心樂故 而行精進

4) 제4 굽히지 않는 행(無屈撓行)

"불자들이여, 어떤 것을 보살마하살의 굽히지 않는 행이라 합니까? 이 보살이 모든 정진을 하여 닦나니 제일의 정진과 큰 정진과 수승한 정진과 특별히 수승한 정진과 가장 수승한 정진과 가장 묘한 정진과 더하는 정진과 위 없는 정진과 같을 수 없는 정진과 널리 두루한 정진입니다. 성품에 삼독이 없고, 성품에 교만이 없으며, 성품에 덮어 감추는 것이 없고, 성품에 인색하고 질투하는 것이 없으며, 성품에 아첨하고 속이는 것이 없고, 성품에 스스로 부끄러워하여 마침내 한 중생이라도 괴로움을 당하지 않게 하기 위해 정진을 행합니다. 일체 번뇌를 끊기 위하여 정진을 행하고, 일체 미혹의 근본을 뽑기 위하여 정진을 행하며, 일체 습기를 제하기 위하여 정진을 행하고, 일체 중생의 세계를 알기 위하여 정진을 행하며, 일체 중생이 이 곳에서 죽어 저 곳에 가서 나는 것을 알기 위하여 정진을 행하고, 일체 중생의 번뇌를 알기 위하여 정진을 행하며, 일체 중생의 마음에 즐거워함을 알기 위하여 정진을 행하고,

但爲知一切衆生境界故 而行精進 但爲知一切衆生 諸根勝劣故 而行精進 但爲知一切衆生心行故 而行精進 但爲知一切法界故 而行精進 但爲知一切佛法根本性故 而行精進 但爲知一切佛法平等性故 而行精進 但爲知三世平等性故 而行精進 但爲得一切佛法智光明故 而行精進 但爲證一切佛法智故 而行精進 但爲知一切佛法一實相故 而行精進 但爲知一切佛法無邊際故 而行精進 但爲得一切佛法廣大決定善巧智故 而行精進 但爲得分別演說一切佛法句義智故 而行精進

일체 중생의 경계를 알기 위하여 정진을 행하며, 일체 중생의 모든 근기가 수승하고 하열함을 알기 위하여 정진을 행하고, 일체 중생의 마음의 행을 알기 위하여 정진을 행하며, 일체 법계를 알기 위하여 정진을 행하고, 일체 불법의 근본 성품을 알기 위하여 정진을 행하며, 일체 불법의 평등한 성품을 알기 위하여 정진을 행하고, 삼세의 평등한 성품을 알기 위하여 정진을 행하며, 일체 불법의 지혜 광명을 얻기 위하여 정진을 행하고, 일체 불법의 지혜를 증득하기 위하여 정진을 행하며, 일체 불법의 온통인 실상을 알기 위하여 정진을 행하고, 일체 불법의 가없음을 알기 위하여 정진을 행하며, 일체 불법의 광대하고 결정적인 공교한 지혜를 얻기 위하여 정진을 행하고, 일체 불법의 글귀의 뜻을 분별하여 널리 펴 설하는 지혜를 얻기 위하여 정진을 행하는 것입니다.

佛子 菩薩摩訶薩 成就如是精進行已 設有人 言 汝頗能爲無
數世界 所有衆生 以一一衆生故 於阿鼻地獄 經無數劫 備受
衆苦 令彼衆生 一一得值無數諸佛 出興於世 以見佛故 具受
衆樂 乃至入於無餘涅槃 汝乃當成阿耨多羅三藐三菩提 能爾
不耶 答言我能 設復有人 作如是言 有無量阿僧祇大海 汝當
以一毛端滴之令盡 有無量阿僧祇世界 盡末爲塵 彼滴及塵
一一數之 悉知其數 爲衆生故 經爾許劫 於念念中 受苦不斷

불자들이여, 보살마하살이 이와 같은 정진의 행을 성취하고서는, 설사 어떤 사람이 말하기를, '그대가 수 없는 세계의 모든 중생, 그 낱낱의 중생을 위하여 아비지옥에서 수없는 겁을 지나도록 온갖 고통을 모두 받아서, 저 중생들으로 하여금 낱낱이 수 없는 모든 부처님이 세상에 출현하심을 만나게 하고 부처님을 뵈온 까닭으로 온갖 즐거움을 함께 받게 하며, 나아가서 남음이 없는 열반에 들게 하여야 그대가 아뇩다라삼먁삼보리를 이룰 것이니 그렇게 하겠는가, 하지 않겠는가?' 하면 '내가 능히 그렇게 하겠습니다.'라고 답합니다.

설사 또 어떤 사람이 이와 같이 말하기를 '한량없는 아승기 큰 바다가 있어 그대가 한 터럭 끝으로 찍어내어 다하게 하고, 한량없는 아승기 세계가 있는데 가루로 만들어서 티끌을 만들고, 그 물방울과 티끌을 낱낱이 세어서 그 수를 다 알며, 중생들을 위해 그러한 수의 겁을 지나도록 생각마다 고통받는 것이 끊어지지 않는다.' 할지라도,

菩薩 不以聞此語故 而生一念悔恨之心 但更增上歡喜踊躍
深自慶幸 得大善利 以我力故 令彼衆生 永脫諸苦 菩薩 以此
所行方便 於一切世界中 令一切衆生 乃至究竟無餘涅槃 是
名菩薩摩訶薩 第四無屈撓行

보살이 이 말을 들음으로 해서 한 생각이라도 후회하거나 한탄하는 마음을 내지 않고, 다만 다시 뛸듯이 기뻐하여 깊이 스스로 경사스럽고 다행하게 여겨서 크고 훌륭한 이로움을 얻습니다.

나의 힘으로써 저 중생들로 하여금 모든 괴로움에서 영원히 벗어나게 하리니, 보살이 이렇게 행하는 방편으로써 일체 세계 가운데에서 일체 중생으로 하여금 끝내 남음이 없는 열반에 이르게 합니다. 이것을 보살마하살의 넷째 굽히지 않는 행이라 이름합니다.”

佛子 何等 爲菩薩摩訶薩 離癡亂行 此菩薩 成就正念 心無散
亂 堅固不動 最上淸淨 廣大無量 無有迷惑 以是正念故 善解
世間一切語言 能持出世諸法言說 所謂能持色法非色法言說
能持建立色自性言說 乃至能持建立受想行識自性言說 心無
癡亂 於世間中死此生彼 心無癡亂 入胎出胎 心無癡亂 發菩
提意 心無癡亂 事善知識 心無癡亂 勤修佛法 心無癡亂 覺知
魔事 心無癡亂 離諸魔業 心無癡亂

5) 제5 어리석음과 산란함을 여의는 행(離癡亂行)

"불자들이여, 어떤 것을 보살마하살의 어리석음과 산란함을 여의는 행이라 합니까? 이 보살이 바른 생각을 성취하여 마음에 산란함이 없고, 견고하여 움직임이 없으며, 가장 청정하고, 광대하여 한량이 없으며, 미혹함이 없습니다. 이 바른 생각을 한 까닭으로 세간의 일체 말을 잘 알고, 출세간의 모든 법의 말을 지니니, 색법과 색 아닌 법의 말을 지니고, 색자성*을 건립하는 말을 지니며, 나아가서 수, 상, 행, 식의 자성을 건립하는 말을 지님에 마음이 어리석고 산란함이 없으며, 세간 가운데 이곳에서 죽고 저곳에서 태어남에 마음이 어리석고 산란함이 없으며, 태에 들고 태에서 나올 때에도 마음이 어리석고 산란함이 없으며, 보리의 뜻을 발함에 마음이 어리석고 산란함이 없으며, 선지식을 섬김에 마음이 어리석고 산란함이 없으며, 불법을 부지런히 닦음에 마음이 어리석고 산란함이 없으며, 마군의 일을 깨달아 앎에 마음이 어리석고 산란함이 없으며, 모든 마군의 업을 여읨에 마음이 어리석고 산란함이 없으며,

於不可說劫修菩薩行 心無癡亂 此菩薩 成就如是無量正念
於無量阿僧祇劫中 從諸佛菩薩善知識所 聽聞正法 所謂甚
深法 廣大法 莊嚴法 種種莊嚴法 演說種種名句文身法 菩薩
莊嚴法 佛神力光明無上法 正希望決定解清淨法 不着一切
世間法 分別一切世間法 甚廣大法 離癡翳照了一切衆生法
一切世間共法不共法 菩薩智無上法 一切智自在法 菩薩 聽
聞如是法已 經阿僧祇劫 不忘不失 心常憶念 無有間斷

불가설 겁 동안 보살행을 닦음에 마음이 어리석고 산란함이 없습니다.

이 보살이 이와 같은 한량없는 바른 생각을 성취하고 한량없는 아승기겁 가운데에 모든 부처님과 보살과 선지식 처소에서 정법을 듣나니, 심히 깊은 법과 광대한 법과 장엄한 법과 갖가지 장엄한 법과 갖가지 뛰어난 글귀와 글과 몸을 널리 펴 설하는 법과 보살의 장엄하는 법과 부처님의 위신력과 광명의 위 없는 법과 바른 희망으로 결정하여 깨달은 청정한 법과 일체 세간에 집착하지 아니하는 법과 일체 세간을 분별하는 법과 심히 광대한 법과 어리석음을 여의고 일체 중생을 밝게 비추는 법과 일체 세간이 함께하고 함께하지 않는 법과 보살 지혜의 위 없는 법과 일체 지혜로 자재한 법입니다. 보살이 이와 같은 법을 듣고는 아승기겁이 지나도록 잊어버리지도 잃어버리지도 않아서 마음에 항상 기억하여 끊어짐이 없습니다.

何以故 菩薩摩訶薩 於無量劫 修諸行時 終不惱亂一衆生 令
失正念 不壞正法 不斷善根 心常增長廣大智故 復次此菩薩
摩訶薩 種種音聲 不能惑亂 所謂 高大聲 麤濁聲 極令人恐怖
聲 悅意聲 不悅意聲 誼亂耳識聲 沮壞六根聲 此菩薩 聞如是
等無量無數好惡音聲 假使充滿阿僧祇世界 未曾一念心有散
亂 所謂正念不亂 境界不亂 三昧不亂 入甚深法不亂

무슨 까닭입니까? 보살마하살이 한량없는 겁 동안 모든 행을 닦을 때에 끝내 한 중생이라도 어지럽게 하여 바른 생각을 잃게 하지 아니하였고, 바른 법을 파괴하지 않았으며, 선근을 끊지 아니하여 마음에 항상 광대한 지혜를 더욱 더하게 한 까닭입니다.

또한 이 보살마하살은 갖가지 음성으로도 미혹되거나 어지럽지 않으니, 높고 큰 음성과 추하고 탁한 음성과 극히 사람으로 하여금 두렵게 하는 음성과 뜻에 기쁜 음성과 뜻에 기쁘지 않은 음성과 귀를 시끄럽고 어지럽게 하는 음성과 육근을 무너지게 하는 음성입니다.

이 보살은 이렇게 한량없고 수 없는 좋고 나쁜 음성이 설사 아승기 세계에 가득함을 들더라도 일찍이 한 생각도 마음이 산란하지 않으니 바른 생각으로 산란하지 아니함과 경계가 산란하지 아니함과 삼매가 산란하지 아니함과 심히 깊은 법에 들어감이 산란하지 아니함과

行菩提行不亂 發菩提心不亂 憶念諸佛不亂 觀眞實法不亂
化衆生智不亂 淨衆生智不亂 決了甚深義不亂 不作惡業故
無惡業障 不起煩惱故 無煩惱障 不輕慢法故 無有慢法障 不
誹謗正法故 無有報障 佛子 如上所說如是等聲 一一充滿阿
僧祇世界 於無量無數劫 未曾斷絶 悉能壞亂衆生身心 一切
諸根 而不能壞此菩薩心

보리행을 행함이 산란하지 아니함과 보리심을 발함이 산란하지 아니함과 모든 부처님을 마음 깊이 지녀 잊지 않음이 산란하지 아니함과 참답고 실다운 법을 관함이 산란하지 아니함과 중생을 교화하는 지혜가 산란하지 아니함과 중생을 청정하게 하는 지혜가 산란하지 아니함과 심히 깊은 뜻을 결단코 아는 것이 산란하지 않습니다. 악업을 짓지 않는 까닭에 악업의 장애가 없고, 번뇌를 일으키지 않는 까닭에 번뇌의 장애가 없으며, 법을 경솔히 하고 거만히 여기지 않는 까닭에 법을 무시하는 장애가 없고, 정법을 비방하지 않는 까닭에 과보의 장애가 없습니다.

불자들이여, 위에서 말한 이 같은 음성들이 낱낱이 아승기 세계에 가득하여, 한량없고 수 없는 겁 동안 일찍이 끊이지 않고 중생의 몸과 마음과 일체 모든 근(根)을 다 무너뜨리더라도 이런 보살의 마음은 무너뜨리지 못합니다.

菩薩 入三昧中 住於聖法 思惟觀察一切音聲 善知音聲 生住滅相 善知音聲 生住滅性 如是聞已 不生於貪 不起於瞋 不失於念 善取其相 而不染着 知一切聲 皆無所有 實不可得 無有作者 亦無本際 與法界等 無有差別 菩薩 如是成就寂靜身語意行 至一切智 永不退轉 善入一切諸禪定門 知諸三昧 同一體性 了一切法 無有邊際 得一切法眞實智慧 得離音聲甚深三昧 得阿僧祇諸三昧門 增長無量廣大悲心

보살이 삼매 가운데에 들어 성인의 법에 머물고, 일체 음성을 사유하고 관찰하여 음성의 나고 머물고 멸하는 모양을 잘 알며, 음성의 나고 머물고 멸하는 성품을 잘 압니다. 이와 같이 듣고는 탐함을 내지도 않고, 성냄을 일으키지도 않으며, 생각을 잃지도 않고, 그 모양을 잘 취하여서 물들어 집착하지도 않으며, 일체 음성이 다 없는 것이어서 진실로 얻을 수 없고, 짓는 자가 없으며, 또한 본래에는 경계란 것도 없어서 법계와 더불어 평등하여 차별이 없습니다.

　보살이 이러-한 열반의 몸과 말과 뜻과 행을 성취하여 일체지에 이르러서 영원히 퇴전하지 않고, 일체 모든 선정의 문에 잘 들어가서 모든 삼매가 동일한 성품의 몸임을 알며, 일체 법이 끝이 없음을 알고, 일체 법의 참답고 실다운 지혜를 얻으며, 음성을 여읜 심히 깊은 삼매를 얻고, 아승기 수의 모든 삼매문을 얻어서, 한량없이 광대한 대비심을 더욱 더합니다.

是時 菩薩 於一念中 得無數百千三昧 聞如是聲 心不惑亂 令
其三昧 漸更增廣 作如是念 我當令一切衆生 安住無上淸淨
念中 於一切智 得不退轉 究竟成就無餘涅槃 是名菩薩摩訶
薩 第五離癡亂行

이때 보살이 한 생각 가운데에 수 없는 백천 삼매를 얻어서 이와 같은 음성을 들어도 마음이 의혹되거나 산란하지 아니하여, 그 삼매로 하여 점점 더 광대하게 됩니다.

이와 같이 생각하기를, '내가 일체 중생으로 하여금 위없이 청정한 생각 가운데에 편히 머무르게 하여 일체지에서 퇴전하지 않음을 얻어서 끝내 남음이 없는 열반을 성취하게 하리라.' 합니다. 이것을 보살마하살의 다섯째 어리석음과 산란함을 여의는 행이라 이름합니다."

佛子 何等 爲菩薩摩訶薩 善現行 此菩薩 身業淸淨 語業淸
淨 意業淸淨 住無所得 示無所得身語意業 能知三業 皆無所
有 無虛妄故 無有繫縛 凡所示現 無性無依 依如實心 知無量
心自性 知一切法自性 無得無相 甚深難入 住於正位眞如法
性 方便出生 而無業報 不生不滅 住涅槃界 住寂靜性 住於眞
實無性之性 言語道斷 超諸世間 無有所依 入離分別無縛着法
入最勝智眞實之法 入非諸世間所能了知出世間法

6) 제6 잘 나타내는 행(善現行)

"불자들이여, 어떤 것을 보살마하살의 잘 나타내는 행이라 합니까? 이 보살들의 몸의 업이 청정하고, 말의 업이 청정하며, 뜻의 업이 청정하여 얻을 바 없음에 머물러서, 얻을 바 없는 몸과 말과 뜻의 업을 보입니다. 삼업이 다 있는 바가 없음을 알고, 허망함이 없는 까닭에 얽매임이 없으며, 무릇 나타내 보이는 바가 성품도 없고 의지함도 없습니다.

여여하고 실다운 마음에 의지하여 한량없는 마음인 자성을 알고, 일체 법의 자성은 얻을 수도 없고 모양도 없어서 심히 깊어 들어가기 어려움을 압니다. 바른 지위인 진여의 법성에 머물러 방편으로 세상에 나되, 업보가 없어서 나지도 않고 멸하지도 않습니다. 열반의 세계에 머물고, 열반의 성품에 머물러, 참답고 실다워 성품이라 할 것도 없는 성품에 머무르며, 말의 길이 끊어지고 모든 세간을 초월하여 의지한 바가 없습니다. 분별을 여의어서 얽매임과 집착함이 없는 법에 들어가게 되고, 가장 수승한 지혜의 진실한 법에 들어가게 되며, 모든 세간으로는 알 수 없는 출세간법에 들어가게 되니,

此是菩薩 善巧方便 示現生相 佛子 此菩薩 作如是念 一切衆
生 無性爲性 一切諸法 無爲爲性 一切國土 無相爲相 一切三
世 唯是言說 一切言說 於諸法中 無有依處 一切諸法 於言說
中 亦無依處 菩薩 如是解一切法 皆悉甚深 一切世間 皆悉寂
靜 一切佛法 無所增益 佛法 不異世間法 世間法 不異佛法
佛法世間法 無有雜亂 亦無差別 了知法界 體性平等 普入三
世 永不捨離大菩提心 恒不退轉化衆生心 更增長大慈悲心
與一切衆生 作所依處

이것이 이 보살의 공교로운 방편으로 나타내는 상입니다.

불자들이여, 이 보살이 이와 같은 생각을 하기를, '일체 중생이 성품이 없는 것으로 성품을 삼았고, 일체 모든 법이 함이 없는 것으로 성품을 삼았으며, 일체 국토가 상이 없는 것으로 상을 삼았구나. 일체 삼세가 오직 말일 뿐이니, 일체의 말이 모든 법 가운데에 의지한 곳이 없고, 일체 모든 법이 말 가운데에도 또한 의지한 곳이 없구나.' 고 합니다. 보살이 이와 같이 일체 법이 모두 다 심히 깊고, 일체 세간이 모두 다 열반이며, 일체 불법이 더할 바가 없고, 불법이 세간법과 다르지 않으며, 세간법이 불법과 다르지 않고, 불법과 세간법이 섞이거나 어지러움도 없으며 또한 차별도 없음을 압니다. 법계 성품의 몸이 평등함을 밝게 알아 널리 삼세에 들어가 큰 보리심을 영원히 버리지 않고, 항상 중생을 교화하는 마음이 퇴전하지 않으며, 다시 대자비심을 더욱 더하여 일체중생으로 더불어 의지할 곳이 됩니다.

菩薩 爾時 復作是念 我不成熟衆生 誰當成熟 我不調伏衆生
誰當調伏 我不敎化衆生 誰當敎化 我不覺悟衆生 誰當覺悟
我不淸淨衆生 誰當淸淨 此我所宜 我所應作 復作是念 若我
自解此甚深法 唯我一人 於阿耨多羅三藐三菩提 獨得解脫
而諸衆生 盲冥無目 入大險道 爲諸煩惱之所纏縛 如重病人
恒受苦痛 處貪愛獄 不能自出 不離地獄餓鬼畜生閻羅王界
不能滅苦 不捨惡業 常處癡闇 不見眞實

보살이 이때에 다시 생각하기를, '내가 중생을 성숙하게 하지 않으면 누가 성숙하게 할 것이며, 내가 중생을 조복하게 하지 않으면 누가 조복하게 할 것이며, 내가 중생을 교화하지 않으면 누가 교화할 것이며, 내가 중생을 깨닫게 하지 않으면 누가 깨닫게 할 것이며, 내가 중생을 청정하게 하지 않으면 누가 청정하게 하겠는가. 이것이 내가 마땅히 할 바이며 내가 마땅히 지을 바라.' 합니다.

또 생각하기를, '만약 나만이 스스로 이 심히 깊은 법을 안다면 오직 나 한 사람만 저 아뇩다라삼먁삼보리에 홀로 해탈을 얻을 것이다. 모든 중생은 캄캄하고 눈이 멀어서 크게 험한 길에 들어갈 것이고, 모든 번뇌에 얽힌 바가 되어 중한 병이 든 사람과 같이 항상 고통을 받으며, 탐애의 감옥에 처하여 스스로 벗어나지 못하고, 지옥과 아귀와 축생과 염라왕의 세계를 여의지 못하여 고통을 멸하지 못하며, 악업을 버리지 못하여 늘 어리석음의 어두움에 처하여 진실을 보지 못하며,

輪迴生死 無得出離 住於八難 衆垢所着 種種煩惱 覆障其心
邪見所迷 不行正道 菩薩 如是觀諸衆生 作是念言 若此衆生
未成熟未調伏 捨而取證阿耨多羅三藐三菩提 是所不應 我當
先化衆生 於不可說不可說劫 行菩薩行 未成熟者 先令成熟
未調伏者 先令調伏 是菩薩 住此行時 諸天魔梵沙門婆羅門
一切世間乾闥婆阿修羅等 若有得見 暫同住止 恭敬尊重 承
事供養 及暫耳聞 一經心者 如是所作 悉不唐捐 必定當成阿
耨多羅三藐三菩提

생사에 윤회하여 벗어남을 얻을 수 없고, 팔난에 머물러 온갖 티끌에 집착하며, 갖가지 번뇌가 그 마음을 덮어 가리워서, 삿된 소견에 미혹되어 바른 도를 행하지 못하리라.' 합니다.

보살이 이와 같이 모든 중생을 관하고 이런 생각을 하기를, '만약 이 중생이 성숙하지 못하고 조복되지 못했는데 버려두고 아뇩다라삼먁삼보리를 취하여 증득한다면 이는 응할 바가 아니다. 내가 먼저 중생을 교화할 때, 불가설 불가설 수의 겁에 보살행을 행하여 성숙하지 못한 이를 먼저 성숙하게 하고, 조복하지 못한 이를 먼저 조복케 하리라.' 합니다. 이 보살이 이 행에 머무를 때에 모든 하늘과 마군과 범천과 사문과 바라문과 일체 세간과 건달바와 아수라 등이 만약 얻어 보거나 잠시라도 같이 머물거나 공경하고, 존중하고, 받들어 섬기고 공양하거나, 또는 잠시 귀로 들어서 마음에 한 번 스쳐 지나가기만 하여도, 이와 같이 지은 바가 다 헛되지 아니하여 반드시 결정코 아뇩다라삼먁삼보리를 이룰 것입니다.

是名菩薩摩訶薩 第六善現行

이것을 보살마하살의 여섯째 잘 나타내는 행이라 이름합
니다.”

대원선사 결문

대원선사 결문(決文)

문 : 십행품의 수행을 요약해서 보여주소서.

답 : 이러-히 도량을 여의지 않는 함일 뿐이니라.

∞ 미주

* 길상(吉祥) : 복되고 길한 일이 일어날 징조. 상서(祥瑞)와 같다.
* 대종(大種) : 진여를 말함. 불교사전에는 대종이 지수화풍의 사대를 가리킨다고 함.
* 마납바(摩納婆) : 비뉴천(毘紐天) 외도가 유정의 몸 가운데 있다고 집착하는 승묘(勝妙)한 나[我]라는 뜻임.
* 보특가라(補特伽羅) : 외도의 십육지견(十六知見)의 하나로 나[我]의 별명으로 태어남과 죽음의 주체로서의 사람을 가리킨다. 그러나 불교에서는 이것이 실재한다고 인정하지 않고 편의상 사람을 부르는 가명(假名)에 불과하다고 한다.
* 여래(如來) · 응공(應供) · 정등각(正等覺) : 부처님의 열 가지 명호 중 하나이다.
* 색자성(色自性) : 색의 자성. 변화하고 장애하는 물질적인 특성을 말한다.
* 선서(善逝) : 부처님의 열 가지 명호 중 하나이다.
* 섭수(攝受) : 자비심으로 중생을 포용하여 가르쳐서 인도함.
* 성품의 몸 : 원문에 '체성(體性)'이라고 되어 있는데, 물(物)의 실질(實質)은 체가 되고 체의 고쳐짐이 없는 것이 성이니, 체는 곧 성이다.
* 세간의 등불 : 원문에 '세간등(世間燈)'이라고 되어 있다. 번뇌와 미망으로 어두운 세간을 밝히는 등불. 부처님을 뜻한다.

* 열반 : 원문에 '출리(出離)'라고 되어 있는데 이는 미혹한 세계에서 벗어나는 것, 번뇌의 속박에서 벗어나는 것을 말한다. 열반, 해탈, 초월하다의 뜻을 지니고 있다.
* 위 없는 보리[無上菩提] : 무상정등각(無上正等覺). 바르고 원만한 부처의 깨달음. 부처가 체득한 가장 수승한 깨달음의 지혜.
* 위신력(威神力) : 부처님의 과위에 있는 존엄하고 측량할 수 없는 부사의한 힘.
* 일체지(一切智) : 일체종지(一切種智). 모든 현상의 있는 그대로의 평등한 모습과 차별의 모습을 두루아는 부처의 지혜.
* 화만[華] : 방 안에 걸어두거나 부처님께 공양하기 위하여 생화 또는 금은의 조화(造花)를 달아 늘어뜨리는 장신구.

◎ 81권 화엄경 권과 품

부록 1

불조정맥

불조정맥(佛祖正脈)

🪷 인 도

교조 석가모니불 (教祖 釋迦牟尼佛)

1조 마하가섭 (摩訶迦葉)

2조 아난다 (阿難陀)

3조 상나화수 (商那和脩)

4조 우바국다 (優波鞠多)

5조 제다가 (堤多迦)

6조 미차가 (彌遮迦)

7조 바수밀 (婆須密)

8조 불타난제 (佛陀難堤)

9조 복타밀다 (伏馱密多)

10조 파율습박(협) (波栗濕縛, 脇)

11조 부나야사 (富那夜奢)

12조 아나보리(마명) (阿那菩堤, 馬鳴)

13조 가비마라 (迦毗摩羅)

14조 나가르주나(용수) (那閼羅樹那, 龍樹)

15조 가나제바 (迦那堤波)

16조 라후라타 (羅睺羅陀)

17조 승가난제 (僧伽難提)

18조 가야사다 (迦耶舍多)

19조 구마라다 (鳩摩羅多)

20조 사야다 (闍夜多)

21조 바수반두 (婆修盤頭)

22조 마노라 (摩拏羅)

23조 학륵나 (鶴勒那)

24조 사자보리 (師子菩堤)

25조 바사사다 (婆舍斯多)

26조 불여밀다 (不如密多)

27조 반야다라 (般若多羅)

28조 보리달마 (菩堤達磨)

☸ 중 국

29조 신광 혜가 (2 조 神光 慧可)

30조 감지 승찬 (3 조 鑑智 僧璨)

31조 대의 도신 (4 조 大醫 道信)

32조 대만 홍인 (5 조 大滿 弘忍)

33조 대감 혜능 (6 조 大鑑 慧能)

34조 남악 회양 (7 조 南嶽 懷讓)

35조 마조 도일 (8 조 馬祖 道一)

36조 백장 회해 (9 조 百丈 懷海)

37조 황벽 희운 (10조 黃檗 希雲)

38조 임제 의현 (11조 臨濟 義玄)

39조 흥화 존장 (12조 興化 存奬)

40조 남원 혜옹 (13조 南院 慧顒)

41조 풍혈 연소 (14조 風穴 延沼)

42조 수산 성념 (15조 首山 省念)

43조 분양 선소 (16조 汾陽 善昭)

44조 자명 초원 (17조 慈明 楚圓)

45조 양기 방회 (18조 楊岐 方會)

46조 백운 수단 (19조 白雲 守端)

47조 오조 법연 (20조 五祖 法演)

48조 원오 극근 (21조 圓悟 克勤)

49조 호구 소륭 (22조 虎丘 紹隆)

50조 응암 담화 (23조 應庵 曇華)

51조 밀암 함걸 (24조 密庵 咸傑)

52조 파암 조선 (25조 破庵 祖先)

53조 무준 사범 (26조 無準 師範)

54조 설암 혜랑 (27조 雪岩 慧郞)

55조 급암 종신 (28조 及庵 宗信)

56조 석옥 청공 (29조 石屋 淸珙)

※ 한 국

57조 태고 보우 (1 조 太古 普愚)

58조 환암 혼수 (2 조 幻庵 混脩)

59조 구곡 각운 (3 조 龜谷 覺雲)

60조 벽계 정심 (4 조 碧溪 淨心)

61조 벽송 지엄 (5 조 碧松 智儼)

62조 부용 영관 (6 조 芙蓉 靈觀)

63조 청허 휴정 (7 조 淸虛 休靜)

64조 편양 언기 (8 조 鞭羊 彦機)

65조 풍담 의심 (9 조 楓潭 義諶)

66조 월담 설제 (10조 月潭 雪霽)

67조 환성 지안 (11조 喚醒 志安)

68조 호암 체정 (12조 虎巖 體淨)

69조 청봉 거안 (13조 靑峰 巨岸)

70조 율봉 청고 (14조 栗峰 靑杲)

71조 금허 법첨 (15조 錦虛 法沾)

72조 용암 혜언 (16조 龍巖 慧言)

73조 영월 봉율 (17조 詠月 奉律)

74조 만화 보선 (18조 萬化 普善)

75조 경허 성우 (19조 鏡虛 惺牛)

76조 만공 월면 (20조 滿空 月面)

77조 전강 영신 (21조 田岡 永信)

78대 대원 문재현 (22대 大圓 文載賢)

대원 문재현 선사님
인가 내력

대원 문재현 선사님 인가 내력

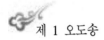 제 1 오도송

이 몸을 끄는 놈 이 무슨 물건인가?
골똘히 생각한 지 서너 해 되던 때에
쉬이하고 불어온 솔바람 한 소리에
홀연히 대장부의 큰 일을 마치었네

무엇이 하늘이고 무엇이 땅이런가
이 몸이 청정하여 이러-히 가없어라
안팎 중간 없는 데서 이러-히 응하니
취하고 버림이란 애당초 없다네

하루 온종일 시간이 다하도록
헤아리고 분별한 그 모든 생각들이

옛 부처 나기 전의 오묘한 소식임을
듣고서 의심 않고 믿을 이 누구인가!

此身運轉是何物
疑端汨沒三夏來
松頭吹風其一聲
忽然大事一時了

何謂靑天何謂地
當體淸淨無邊外
無內外中應如是
小分取捨全然無

一日於十有二時
悉皆思量之分別
古佛未生前消息
聞者卽信不疑誰

　대원 문재현 선사님의 스승이신 불조정맥 제77조 조계종(曹溪宗)
전강(田岡) 대선사님께서 1962년 대구 동화사의 조실로 계실 당시
대원 문재현 선사님께서도 동화사에 함께 머무르고 계셨다.
　하루는, 전강 대선사님께서 대원 선사님의 3연으로 되어 있는 제
1오도송을 들어 깨달은 바는 분명하나 대개 오도송은 짧게 짓는다

고 말씀하셨다. 이에 대원 선사님께서는 제1오도송을 읊은 뒤, 도솔암을 떠나 김제들을 지나다가 석양의 해와 달을 보고 문득 읊었던 제2오도송을 일러드렸다.

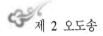 제 2 오도송

해는 서산 달은 동산 덩실하게 얹혀 있고
김제의 평야에는 가을빛이 가득하네
대천이란 이름자도 서지를 못하는데
석양의 마을길엔 사람들 오고 가네

日月兩嶺載同模
金提平野滿秋色
不立大千之名字
夕陽道路人去來

제2오도송을 들으신 전강 대선사님께서는 이에 그치지 않고 그와 같은 경지를 담은 게송을 이 자리에서 즉시 한 수 지어볼 수 있겠냐고 하셨다. 대원 선사님께서는 곧바로 다음과 같이 읊으셨다.

바위 위에는 솔바람이 있고

산 아래에는 황조가 날도다
대천도 흔적조차 없는데
달밤에 원숭이가 어지러이 우는구나

岩上在松風
山下飛黃鳥
大千無痕迹
月夜亂猿啼

　전강 대선사님께서는 위 송의 앞의 두 구를 들으실 때만 해도 지
그시 눈을 감고 계시다가 뒤의 두 구를 마저 채우자 문득 눈을 뜨
고 기뻐하는 빛이 역력하셨다.
　그러나 전강 대선사님께서는 여기에서도 그치지 않고 다시 한 번
물으셨다.
　"대중들이 자네를 산으로 불러내고 그중에 법성(향곡 스님 법제자
인 진제 스님. 동화사 선방에 있을 당시에 '법성'이라 불렸고, 나중에 '법
원'으로 개명하였다.)이 달마불식(達磨不識) 도리를 일러보라 했을 때
'드러났다'라고 답했다는데, 만약에 자네가 당시의 양무제였다면
'모르오'라고 이르고 있는 달마 대사에게 어떻게 했겠는가?"
　대원 선사님께서 답하셨다.
　"제가 양무제였다면 '성인이라 함도 서지 못하나 이러-히 짐의
덕화와 함께 어우러짐이 더욱 좋지 않겠습니까?' 하며 달마 대사의

손을 잡아 일으켰을 것입니다."

전강 대선사님께서 탄복하며 말씀하셨다.

"어느새 그 경지에 이르렀는가?"

"이르렀다곤들 어찌 하며, 갖추었다곤들 어찌 하며, 본래라곤들 어찌 하리까? 오직 이러-할 뿐인데 말입니다."

대원 선사님께서 연이어 말씀하시자 전강 대선사님께서 이에 환희하시니 두 분이 어우러진 자리가 백아가 종자기를 만난 듯, 고수 명창 어울리듯 화기애애하셨다.

달마불식 공안에 대한 위의 문답은 내력이 있는 것이다. 전강 대선사님께서 대원 선사님을 부르기 며칠 전에, 저녁 입선 시간 중에 노장님 몇 분만이 자리에 앉아있을 뿐 자리가 텅텅 비어 있었다고 한다.

대원 선사님께서 이상히 여기고 있던 중, 밖에서 한 젊은 수좌가 대원 선사님을 불렀다. 그 수좌의 말이 스님들이 모두 윗산에 모여 기다리고 있으니 가자고 하기에 무슨 일인가 하고 따라가셨다.

그러자 그 자리에 있던 법성 스님이 보자마자 달마불식 법문을 들고 이르라고 하기에 지체없이 답하셨다.

"드러났다."

곁에 계시던 송암 스님께서 또 안수정등 법문을 들고 물으셨다.

"여기서 어떻게 살아나겠소?"

대뜸 큰소리로 이르셨다.

"안·수·정·등."

이에 좌우에 모인 스님들이 함구무언(緘口無言)인지라 대원 선사님께서는 먼저 그 자리를 떠나 내려와 버리셨다.

그 다음날 입승인 명허 스님께서 아침 공양이 끝난 자리에서 지난 밤 입선시간 중에 무단으로 자리를 비운 까닭을 묻는 대중 공사를 붙여 산 중에서 있었던 일들이 낱낱이 드러나고 말았다. 그리하여 입선시간 중에 자리를 비운 스님들은 가사 장삼을 수하고 조실인 전강 대선사님께 참회의 절을 했던 일이 있었다.

전강 대선사님께서는 이때에 대원 선사님께서 달마불식 도리에 대해 일렀던 경지를 점검하셨던 것이다.

이런 철저한 검증의 자리가 있었던 다음 날, 전강 대선사님께서 부르시기에 대원 선사님께서 가보니 주지인 월산(月山) 스님께서 모든 것이 약조된 데에서 입회해 계셨으며 전강 대선사님께서는 곧바로 다음과 같이 전법게(傳法偈)를 전해주셨다.

 전 법 게

부처와 조사도 일찍이 전한 것이 아니거늘
나 또한 어찌 받았다 하며 준다 할 것인가
이 법이 2천년대에 이르러서
널리 천하 사람을 제도하리라

佛祖未曾傳
我亦何受授
此法二千年
廣度天下人

　덧붙여 이 일은 월산 스님이 증인이며 2000년까지 세 사람 모두 절대 다른 사람이 알게 하거나 눈에 띄게 하지 않아야 한다고 당부하셨다.

　만약 그러지 않을 시에는 대원 선사님께서 법을 펴 나가는데 장애가 있을 것이라고 예언하셨다. 또한 각별히 신변을 조심하라 하시고 월산 스님에게 명령해 대원 선사님을 동화사의 포교당인 보현사에 내려가 교화에 힘쓰게 하셨다.

　대원 선사님께서 보현사로 떠나는 날, 전강 대선사님께서는 미리 적어두셨던 부송(付頌)을 주셨으니 다음과 같다.

 부 송

　어상을 내리지 않고 이러-히 대한다 함이여
　뒷날 돌아이가 구멍 없는 피리를 불리니
　이로부터 불법이 천하에 가득하리라

不下御床對如是
後日石兒吹無孔
自此佛法滿天下

　위의 송의 '어상을 내리지 않고 이러-히 대한다 함이여'라는 첫째 줄 역시 내력이 있는 구절이다.
　전에 대원 선사님께서 전강 대선사님을 군산 은적사에서 모시고 계실 당시 마당에서 홀연히 마주쳤을 때 다음과 같은 문답이 있었다.
　전강 대선사님께서 물으셨다.
　"공적(空寂)의 영지(靈知)를 이르게."
　대원 선사님께서 대답하셨다.
　"이러-히 스님과 대담(對談)합니다."
　"영지의 공적을 이르게."
　"스님과의 대담에 이러-합니다."
　"어떤 것이 이러-히 대답하는 경지인가?"
　"명왕(明王)은 어상(御床)을 내리지 않고 천하 일에 밝습니다."
　위와 같은 문답 중에 대원 선사님께서 답하신 경지를 부송의 첫째 줄에 담으신 것이다.

　전강 대선사님께서 대원 선사님을 인가(印可)하신 과정을 볼 때 한 번, 두 번, 세 번을 확인하여 철저히 점검하신 명안종사의 안목에 탄복하지 않을 수 없으며 이에 끝까지 1초의 머뭇거림도 없이 명철하셨던 대원 선사님께 찬탄하지 않을 수 없다.

그리하여 법열로 어우러진 두 분의 자리가 재현된 듯 함께 환희 용약하지 않을 수 없다.

이제 전강 대선사님과 약속한 2천년대를 맞이하였으므로 여기에 전법게를 밝힌다.

이로써 경허, 만공, 전강 대선사님으로 내려온 근대 대선지식의 정법의 햇불이 이 시대에 이어져 전강 대선사님의 예언대로 불법이 천하에 가득할 것이다.

21세기에
인류가 해야 할 일

21세기에 인류가 해야 할 일

이 사람은 1962년 26세 때부터 21세기에 인류에게 닥칠 공해문제, 에너지문제를 예견하고 대체에너지(무한원동기, 태양력, 파력, 풍력 등) 개발과 '울 안의 농법'을 연구하고 그 필요성을 많은 이들에게 이야기해 왔습니다.

당시에는 너무 시대를 앞서가는 이야기여서인지 일반인들이 수용하지 못하고 오히려 불신의 눈으로 바라보며 이 사람의 법마저 의심하였습니다. 하지만 현대에 있어서는 이것이 인류가 해결해야 할 가장 절박한 사안이 되어 있습니다.

'사막화방지 국제연대'를 설립한 것도 현재 인류가 해결해야 할 가장 절박한 지구환경문제를 이슈화시키고 그 해결책을 제시하여 재앙에 직면한 지구촌을 살리기 위해서입니다.

'사막화방지 국제연대'에서 추진하고 있는 사막화 방지, 지구 초원화, 대체에너지 개발은 온 인류가 발 벗고 나서서 해야 할 일입니다.

첫째 사막화 방지에 있어서 기존에 해왔던 '나무심기 사업'은 천문학적인 예산과 많은 인력을 동원하고도 극도로 황폐한 사막화된 환경을 되살리는 데 실패하였습니다.

그래서 이 사람은 사막화 방지에 있어서는 '사막 해수로 사업'을 새로운 방안으로 제시하였습니다.

사막 해수로 사업은 사막화된 지역에 수도관을 매설하여 바닷물을 끌어들여서 염분에 강한 식물을 중심으로 자연생태계를 복원하는 사업입니다.

이것은 나무심기 사업으로 심은 나무들이 절대적으로 물이 부족하여 생존할 수 없었던 문제를 해결할 수 있는, 현재로서는 유일한 해결책입니다.

그러나 '사막화방지 국제연대'의 목적은 사막이 확장되는 것을 방지하자는 것이지 사막 전체를 완전히 없애자는 것은 아닙니다. 인체에서 심장이 모든 피를 전신의 구석구석까지 골고루 보내어 살아서 활동하게 하듯이 사막은 오히려 지구의 심장 역할을 하는 중요한 곳이기 때문입니다.

그래서 21세기에 있어서는 다만 사막의 확장을 방지할 뿐 아니라 사막을 어떻게 운용하느냐를 연구해야 합니다.

사막에 바둑판처럼 사방이 막힌 플륨관 수로를 설치하여 동, 서, 남, 북 어느 방향의 수로를 얼마만큼 채우느냐 비우느냐에 따라, 사막으로부터 사방 어느 방향으로든 거리까지 조절하여, 원하는 지역에 비를 내리게 하고 그치게 할 수 있습니다. 철저히 과학적인

데이터에 의해 이렇게 사막을 운용함으로써 21세기의 지구를 풍요로운 낙원시대로 만들어가야 합니다.

둘째로 지구를 초원화할 수 있는 방안으로서 3년간의 실험을 통해, 광활한 황무지 지역을 큰 비용을 들이거나 많은 인력을 동원하지 않고도 짧은 시간 내에 초지로 바꿀 수 있는 식물을 찾아냈습니다.

그것은 바로 '돌나물'입니다. 돌나물은 따로 종자를 심을 필요가 없이 헬리콥터나 비행기로 살포해도 생존, 번식할 수 있으며, 추위와 더위, 황폐한 땅에서도 살아남을 수 있는 생명력과 번식력이 강한 식물입니다.

지구환경을 되살리는 초지조성 사업에 있어서 이것이 큰 도움이 되리라 생각합니다.

셋째의 대체에너지 개발에 있어서는 태양력, 파력, 풍력 등 1962년도부터 이 사람이 연구하고 얘기해왔던 방법들이 이미 많이 개발되어 실용화한 단계에 있습니다.

이 세 가지 일은 한 개인이나 한 국가가 할 수 있는 일이 아닙니다. 모든 국가가 앞장서서 전 세계적인 사업으로 이루어져야 합니다. 모든 국가가 함께 한 기금조성이 이루어져야 하고 기금조성에 참여한 국가는 이 시스템에 의한 전면적인 혜택을 입을 수 있도록 해야 합니다.

인류 모두가 지혜를 모아 이 일에 전력을 다한다면 인류는 유사 이래 가장 좋은 시절을 맞이하게 될 것이며, 만약 이 일을 남의 일인 양 외면한다면 극한의 재앙을 면할 수 없을 것입니다.

이 사람이 오래 전부터 얘기해왔던 '울 안의 농법'은 이미 미국 라스베이거스(Las Vegas)에서 30층짜리 '고층 빌딩 농장'으로 구현되었습니다. 그렇게 크게도 운영될 수 있지만 각자 자신의 집에서 이루어지는 '울 안의 농법'도 필요합니다.

21세기에 있어서 또 하나 인류가 만일의 사태를 대비해서 연구, 추진해야 될 일이 있다면 바닷속에서의 수중생활, 수중경작입니다.

지구가 심하게 온난화될 경우, 공기가 너무 많이 오염될 경우, 바닷물이 높아져 살 땅이 좁아질 경우 등에 대비할 때, 인류는 우주에서의 삶보다는 바닷속에서의 삶을 준비해야 합니다. 왜냐하면 그것이 훨씬 수월하고 비용도 절감할 수 있기 때문입니다.

이렇게 깨달은 이는 이변적으로는 깨달음을 얻게 하여 영생불멸의 삶을 영위할 수 있도록 만인을 이끌어야 하며 사변적으로는 일반인이 예측할 수 없는 백 년, 천 년 앞을 내다보아 이를 미리 앞서 대비하도록 만인의 삶을 이끌어줘야 한다고 생각합니다.

불법의 뜻은 다만 진리 전수에만 있는 것이 아니니, 만인이 서로 함께 영원한 극락을 누릴 때까지 물심양면으로, 이사일여로 베풀어 교화해야 하기 때문입니다.

가슴으로 부르는
불심의 노래

여기에 실린 것들은 모두 대원 문재현 선사님께서 직접 작사하신 곡들이다.

수행의 길로 들어서게끔 신심, 발심을 북돋아주는 곡으로부터 수행의 길로 접어든 이의 구도의 몸부림이 담겨있는 곡, 대승의 원력을 발해서 교화하는 보살의 자비심과 함께 낙원 세계를 누리는 풍류를 그려놓은 곡까지 가사 한마디, 한마디가 생생하여 그 뜻이 뼛속 깊이 새겨지고 그 멋에 흠뻑 취하게 된다.

대원 문재현 선사님께서는 거칠고 말초적인 요즘의 노래를 듣고 이러한 정서를 순화시키고자, 또한 수행의 마음을 진작시키고자 하는 뜻에서 이 곡들을 작사하셨다.

🪷 가슴으로 부르는 불심의 노래 - 악보 목록

🪷 기타 노래 목록

서 원 가

작사 문재현
작곡 배신영
노래 홍노경

느리게

참 나를 깨달아서　보 림을 하고　다 가 올 내 앞날 의
보 살의 가는 길이　험 난 타 해도　맹 세 코 초지일관
중 생이 끝이 없다　말 들을 해도　보 현의 만행 다해

서 원 이 라 네　기 어 코 육 바 라 밀　성 취 를 하 여 -
서 원 이 라 네　구 류 를 그 릇 따 라　깨 닫 게 하 여 -
제 도 를 하 여　유 정 과 무 정 모 두　다 한 그 날 이 -

불 보 살 님 큰 은 - 혜 - 에　보 - 답 하 - 면 서
스 승 님 의 큰 은 - 혜 - 에　보 - 답 하 - 면 서
삼 보 님 의 큰 은 - 혜 - 를　갚 - 는 날 - 이 니

영 원 히 구 제 의 길　나 는 - 가 리 - 라
영 원 히 구 제 의 길　나 는 - 가 리 - 라
영 원 히 구 제 의 길　나 는 - 가 리 - 라

Fine

반조 염불가

작사 문재현
작곡 배신영
노래 홍노경

느리게

님께—서 베 푸신 자비의 은혜 오늘
본 래—에 드 러 난 나인걸 몰라 낙원

도 감 사 한맘—어—찌— 잊 으리니
을 고 해 로서—사—는— 삶이 니

가 르침 따름만— 이 살 길 이란 다짐으 로 간
가 르침 따름만— 이 살 길 이란 다짐으 로 반

절 히시시때때 회광반조 아 미 타불— 백—
조 의아미타불 나도잊은 삼 매 의앎— 깨—

팔 염주일상화로 기어이— 크게깨 처 크나
닫 기에좋은때니 기어이— 원을이뤄 금생

큰— 님—의은 혜 갚으리라아미타—불—
에— 구제제중 생 불은갚길아미타—불—

Fine

소중한 삶

작사 문재현
작곡 배신영
노래 홍노경

소중
불법

한 나날들을 아끼면서 사랑으로 베풀
은 영원하고 행복한삶 회복하려 노력

며 사노라면 삶이란고해만은- 아니리 라
하는 길-이니 우리의삶 앞날은- 밝으리 라

고운시선- 고운말로- 어 울- 려-
좋은마음- 좋은말로- 감 싸- 주고-

격려하며- 힘든삶- 극-복하면
삶-속에- 불법을- 실-천하면

좋은업- 좋은날- 약속이아니던 가
영원하고- 행복한삶- 약속이아니던 가

Fine

석가모니불

작사 문재현
작곡 배신영
노래 홍노경

국악가요

맹서의 노래

작사 문재현
작곡 배신영
노래 홍노경

느리게

염원의 노래

작사 문재현
작곡 배신영
노래 홍노경

느리게

가- 그언젠- 가- 내- 살던- 이곳이- 잡-
노을- 빛-속에- 눈 감고서서 덧-

초에- 덮였으-니 연-못과 누대는 어디메냐- 질은
없는- 인생사-를 깨-워

주 리 라 맹 세 하 네 사 람 과 사람마다- 영 원한한물건-
꽃 피어화려함은- 우 리님맘이요-

본 래에 지녔으-니 모래알진주를이루듯이 오늘의고뇌를- 미-
곳곳의 화평함은- 우리님억겁의서원이라 우주법계모두가 성-

소 로 인 고 하 며 보- 배를이뤄가는 희망
품- 의- 낙원 거- 룩한소- 원성취 노래

으 로 살 아 가 세
로 써 불 려 져 라

음성공양

작사 문재현
작곡 배신영
노래 홍노경

느리게

발심가

작사 문재현
작곡 배신영
노래 홍노경

보사노바

우-리네 한 세상 - 　　보람찬 삶-으로 -
참-나를 깨달아 - 　　보림을 하-고요 -
본-연-한 몸의 - 　　능력을 베-풀어 -
눈-깜박하는새 - 　　한 세상 다-가고 -

바 꾸 기 위-하여 - 　　닦아들 봅-시다 -
자비심 발-하여 - 　　구제길 나-서서 -
극 - 락 세-계 - 　　장엄을 하-구요 -
부 귀 와 공-명은 - 　　잠 시 의 꿈-이라 -

청 춘 - 홍 안 이 - 　　얼 마 나 길-던 가 -
중 생 들 세 계 에 - 　　고 통 을 없-애 어 -
동 실 - 두 동 실 - 　　누 리 기 위-하 여 -
이 러 한 되 풀 이 - 　　금 생 에 끝-내 어 -

꿈 꾸 는 사-이 에 - 　　백 발 이 된-다 네 -　　1-2절 D.C
극 락 이 되-도 록 - 　　최 선 을 다-하 세 -　　3-4절
오 늘 의 어-려 움 - 　　극 복 을 해-내 세 -
윤 회 의 사 슬 에 서 - 　　벗 어 나 납-시 다 -

자비의 품

작사 문재현
작곡 배신영
노래 홍노경

느리게

부처님 은혜 1

작사 문재현
작곡 배신영
노래 홍노경

느리게

노을이 짙고 새동-지-찾 을땐-부처 님의절절한- 말씀 생각이 나고
눈에이슬 맺힌채-참회 기도- 명 상 으로써 억 겁 업을-
재우노 라면구 름그늘- 서늘한바 람 불어옴을-맞음 이랄까-
상쾌하고 확트인 가 슴- 희망의미- 소
입가에 번-지-고 콧노 래 가절로흘러나 온다- 고 맙
습 니다- 참-고맙습니 다 더없이큰부처 님은 혜
구 류중 생을-구제 함으로 써 갚는것이서원- 입 니 다 서원
향 해- 뛸- 것입니 다- 서원향해다할것입니 - 다-

Fine

보살의 은혜

작사 문재현
작곡 배신영
노래 홍노경

느리게

파 도 에 실려 떠가 는 낙엽같이 살아가는 인 생 -

구 원 코 자 - 따라주 며 같 이 하 는 자 - 비 인 데 -

제 안 경 에 보 인 대 로 말 들 - 하 - 지 - 만 -
눈 이 멀 고 귀 가 먹 은 저 들 - 이 - 지 - 만 -

못 들 은 척 - 모 르 는 척 최 - 선 - 다 하 - 리
황 소 처 럼 - 지 장 처 럼 최 - 선 - 다 하 - 리

바 - 른 눈 바 - 른 맘 통 쾌 - 히 열 어 라 -
지 - 혜 눈 지 - 혜 맘 통 쾌 - 히 열 어 라 -

아 - 아 아 - 아 그 - 날 - 이
아 - 아 아 - 아 그 - 날 - 이

그 - 날 이 오 기 만 을 기 다 리 는 마 - 음 -
그 - 날 이 오 기 만 을 기 다 리 는 마 - 음 -

이 생에 해야 할 일

작사 문재현
작곡 배신영
노래 홍노경

구도의 목표

작사 문재현
작곡 배신영
노래 홍노경

느리게

B
눈 뜨면 관음 우러러 보문을 따르며 - 하
루 하 루 를 최 선 - 다 하 는 일 에
언 제 나 떳떳한 불 자 로 서원코 큰 은 혜 갚 는 보 살 - 행 -
대자 대 비 를 - 베 - 풀어 어 느 때 어 느 곳 그 무 엇 - 가 리 지 않 는
이 - 로 - 제 - 일의 - 사 표 가 될 것을 목 표 로 삼 을
겁 니 다 아 아 사 바 의 세 계 가
다 하 는 - 그 날 까 지

Fine

님은 아시리

작사 문재현
작곡 배신영
노래 홍노경

사계 절의─ 풍광 인들─ 위 로─되 -겠 -니
같이─ 되지 않아─ 기 도-에-젓-은

─ 서사 시의─ 음률 인들 쉬-어-지-겠-니- 뜻과
이 마음─님─은─ 아─시─리. 한 세 상 열

청 춘의 모
정 쏟 아 닦는 수 행길─ 불 보 살 님 출 현 하 셔 베
든 욕─망 사뤄 버 리 고─ 회 광 반 조 촌 각 아 낀 열

푼 자─비─에─ 모─든 망상─ 모─ 든 번─
정 쏟 아 서─ 이룬 선 정─ 그─ 효 력─

뇌 없었으면 좋으련 만 마음대로─ 안 되 는게─ 수 행이 더
이 있었으면 좋으련 만 마음대로─ 안 되 는게─ 보 림이 더

라 수행이 더라 ─ 마음대로─ 안 되 는게─ 수행이 더 라 수행이 더라─
라 보림이 더라 ─

D.S. al Coda
Fine

부록4 - 가슴으로 부르는 불심의 노래 235

부처님 은혜 2

작사 문재현
작곡 배신영
노래 홍노경

느리게

성중성인 오셨네

(초파일노래)

작사 문재현
작곡 배신영
노래 홍노경

음력 사월 초 - 파일은 - 온누리의 제 - 일이신 - 성중
음력 사월 초 - 파일은 - 온누리의 제 - 일이신 - 성중

성인 - 부 - 처님이 - 이땅 위에 오 - 신 - 날 - 괴로
성인 - 부 - 처님이 - 이땅 위에 오 - 신 - 날 - 너를

움을 낙원으 - 로 - 어두움을 - 광명 으 - 로 바꾸
알 란 그가르 - 침 - 펼치 려고 - 오심 이 - 니 자 아

려 - 는숙 - 원 - 을 시작하 신날 - 너나 없 이 모두
완 - 성이룩 - 해 우리이 땅 - 이대 로 를 낙원

함께 - 경축하 세 모두 함 께경축하 - 세 - 모두
으로 - 누려보 세 낙원 으로 누려보 - 세 -

함 께 경축 하 - 세 -

내 문제는 내가 풀자 1

작사 문재현
작곡 배신영
노래 홍노경

조금빠르게

238 화엄경 19권

즐거운 밤

작사 문재현
작곡 배신영
노래 홍노경

관음가

작사 문재현
작곡 배신영
노래 홍노경

꽃을보아도 먼산을보아도 그리움그리움이 - 더해-
진 - 관 - 세 - 음 관 - 세 - 음은-
포 - 근한 아 - 아 - 품이 - 랍 니 다 -
기쁠때에 도 어 - 려울 때에 도 자애
로 다 가 오 셔 - 서 힘 - 이 되 -
신 관 - 세 음 관세음은- 포 근 한 - 품 - 이랍 니
- 다 -

Fine

240 화엄경 19권

부처님

작사 문재현
작곡 배신영
노래 채연희

열반재일

작사 문재현
작곡 배신영
노래 채연희

인연다함– 아시기에– 구제방편– 거두시어–
대자대비– 거룩하신– 가르치심– 이세상에

열반드신– 그자재는– 그누구가– 흉내인들–
길이길아– 펼쳐져서– 그언젠가– 이고해가

내오리까– 오고감을 뜻대로한
낙원으로– 되는날을 믿는마음

거–록함에 정례합니다 정
우–러러서 정례합니다 정

례합–니다–
례합–니다–

Fine

성도재일

작사 문재현
작곡 배신영
노래 채연희

Slow GoGo ♩= 78

찬양합니다 찬양합니다 도이루심찬양합니 다
맹세합니다 맹세합니다 부처님의뒤를이어 서

이세상에 그어떤- 일인들이보다 기쁘고거룩한일
생사고통 영원히- 면하게이끄신 봉화의바른불빛

있-으-리 그옛날의 오늘이룬
지-혜-로 어둔그늘 모두밝혀

부처님의 광명지혜 없었다-면
부처님의 세상으로 바꿔놓-는

중생들-이 생사고통 면할길을
그일에-서 제일가는 모습보여

감히어찌 알았으리 감사합니다
부처님의 은혜갚음 지켜보소서

감사합니다
지켜보소서

석굴암의 노래

작사 문재현
작곡 배신영
노래 채연희

그윽히 내려 트인 높고 높은 산 기 슭에
태초의 이 마 음 이 무 명으로 경 계 이뤄

명월보다 밝은 모 습 근엄도 하 셔 라 뵈옵
꿈의 세상 이어 져서 이 런 삶 됐 지 만 거룩

는 그 순 간 티끌 번 뇌 사 라 지 니 한 없
한 가 르 침 깊이 새 긴 실 천 으 로 일 상

이 고요하 여 지 - 순 한 마 음 일 세 이 마음
의 시 시 때 때 생 활 화 가 되는 그 날 이 세상

속세에 있을때 도 지속 되 면 거 치 른 이세상도 태평세
이대로가 정 - 토 의 세상 되 어 노 래 와 춤으로써 길이 길

계 될 것 일 세
이 즐 길 걸 세

간 주

D.C.   Fine

님의모습

작사 문재현
작곡 배신영
노래 채연희

Slow Waltz ♩ = 82

가사

합 장 속 의 봉 화 처 럼
대 자 비 의 육 신 통 을
님 의 모 습 그 위 력 에

나 타 나 신 모 습
갖 춰 나 신 룬 모
보 림 이 룬 마 음

사 색 속 의 태 양 처 럼
우 리 들 의 온 갖 소 원
님 의 모 습 나 룬 찰 나

나 타 나 신 모 습
이 뤄 주 신 모 습
둘 이 아 닌 마 음

아 아 미 소 속 의
아 아 백 천 삼 매
아 아 님 의 모 습

무 지 개 를   타 - 고   나 - 툰 - 모 -
나 에 게 서   깨 - 워   주 - 신 - 모 -
그 대 로 가   유 - 마   묵 - 연 - 마 -

습
습
음

Fine

믿고 따르세

작사 문재현
작곡 배신영
노래 채연희

고 - 해일 - 러 낙원이라 한 불보 - 살님그 - 말씀 의
참 - 나깨 - 친 밝은지혜 로 선행 - 닦아사 - 상없 는

진 실한경지 알려 - 거든 보고듣 는 그곳향 해
일 상의생활 이루 - 는날 고해일 러 낙원이 란

명 - 상하 - 게 명상 - 으로분 - 별
말 - 씀의 - 뜻 내 - 뜻 - 되 - 어

망 상없 - 어지 고 고요로움 극해지 면
큰웃음을 - 껄껄짓 고 대장부 로 삼계구 할

불멸의 나 깨 - 치 네
서 원세워 행 - 하 리

Fine

신명을 다하리

작사 문재현
작곡 배신영
노래 채연희

부처님께 바치는 마음

작사 문재현
작곡 배신영
노래 채연희

감사합니다

작사 문재현
작곡 배신영
노래 채연희

Polka ♩ = 122

감사합니다　환영합니다　이땅위에오신것을-
나를깨우려　대자대비로　이땅위에오셨기에-

축하합니다　경축합니다　성중성인오신것을-
우리모두가　감사함으로　우러러서받듭니다-

손에손을-　서로잡고-　모두함께　즐거워서-
손에손을-　서로잡고-　노래하고　춤을추며-

발걸음도-　가벼웁게-　춤을춤-니다-
나날마다-　오늘같길-　기도합-니다-

춤을춤-니다-
기도합-니다-

교화가

작사 문재현
작곡 배신영
노래 채연희

구 제 를 할 때 -
교 화 를 할 때 -
노 래 를 하 며 -

갖 은 방 편 어 려 움 도
제 안 경 에 갖 은 시 비
춤 을 추 는 이 환 회 를

웃 어 넘 는 스 - 승 님 -
웃 어 넘 는 스 - 승 님 -
함 께 하 잔 스 - 승 님 -

1.2 = 1절 3 = 2절

섬진강 소초

작사 문재현
작곡 배신영
노래 채연희

Slow GoGo ♩ = 84

A

Gm   Dm7   B♭   B♭   F/A

Gm   Dm   C   D7

B

Gm   Cm   D

광양-포구   팔십-리의   거룻배에몸을싣   고
하동-포구   팔십-리에   거룻배를띄워놓   고

Gm   Cm   D7   Gm

석양노을   고운빛에   물새도맘읽누   나
노을들어   법문하니   어우러진웃음이   네

D7   Gm   Cm   D7

광양하동   어우름의   한결같은섬진강   은
이위력이   세상그늘   모두거둬열린세   상

Gm   F   B♭   D7

머언머언   그날에도   오늘처럼-흐르리   라
평등낙원   누림으로   노래하며-살게되   리

Gm   Cm   Gm   D7   Gm

우리도저런맘   길이지녀   누리며사   세
그날을위한삶   모두함께   노력해사   세

Fine

권수가 1

작사 문재현
작곡 배신영
노래 채연희

아니아니- 닦지 는 못하리라 - 일 분과 일 각 도-
아니아니- 닦지 는 못하리라 - 한송이 떨어진 꽃을낙화 진 다 고

허- 송하지말게 눈- 감 아- 뜨 는사이백- 발- 과 주 름일세-
서러워마라 한번 피- 었 다- 꽃 이지듯우리저렇듯 지 고마 는-

어 서수행을하여영원한 참나를알고사- 세-
슬 픈나날이흘러흘- 러 흘러만가니어이하 리-

이 것 이것 이것이 뭐 꼬 뭐 꼬 라고한- 이것이 뭐
차 착각- 저초침소 리 검은옷으로- 다 가 오

꼬- 보 일 듯이아니 보 이 고
는- 저 승 의사 자 소 - 리

이룰듯하다가 놓쳤으니 - 하루하루가 태산만같게
어찌아 니 슬플쏜가 - 숙 - 명적인 인과라해도

커져만 - 가는게 의심일세 - 얼 씨구 나 좋 다 -
극복해 - 넘기에 어려움네 - 얼 씨구 나 좋 다 -

지 화 자 좋 네 - 아니닮지는 - 코러스 -
지 화 자 좋 네 - 아니닮지는

못 - 하 리 - 라 -
못 - 하 리 - 라 -

Fine

권수가 2

작사 문재현
작곡 배신영
노래 채연희

아니아니- 닭지 는 못하리라 - 적 적요요 달 밝은 - 밤 에
아 니아니- 닭지 는 못하리라 - 어지러운 번 뇌 - 망 - 상 -

단정히 눈 을 감 은 깊은삼 매 - 대상없는낙에 취 해 짓 는미 소 -
털- 고 이룬보리마음모 든 속박 - 다떨치고호연지기를 누 리 는 데-

한산습득이 즐겨누리 는 그 낙 이 아니 던 - 가 -
송 죽 바람 술 솔향기 그 윽하고 - 그윽하 네 -

모 두 들 - 저런낙을 - 누 리 려거든 - 닭 고 닭
산 새 도 - 노래하니 - 너 도좋고 - 나 도 좋

소 - 삼 세 모 든 불 보 살 님 도
다 - 삼 세 제 불 무 현 금 - 에

두타의수행을 인내로써   하루하루를   수행해왔던
역 - 대조 - 사   무공적 의   명 - 월 삼 경   이 좋은 밤 을

결실로 - 얻어진 과위라 네   얼 씨구 나 좋 다
두둥실 - 두둥실 즐겨보 세   얼 씨구 나 좋 다

지 화 자 좋 네   아 니 닦 지 는   - 코 러 스 -
지 화 자 좋 네   아 니 닦 지 는

못 - 하 리 - 라
못 - 하 리 - 라

우란분재일

작사 문재현
작곡 배신영
노래 채연회

우 란분재 맞-이해서 대자대비-부처-님 을
정 성어린 마-음으로 이고득락-비옵-나 니

이 자-리에 청해모셔 다생부모 왕생극 락
세 상-애착 모두끊고 부처님의 그세상 에

정성다한맘입니 다 지혜짧아 못-미-쳐 서
나시기만원합니 다 다생겁에 경-험-하 신

중한은혜 입-고서 도 보은보답 못하고 서
부질없는 몸-종노 룻 그허망을 떨침만 이

이 생까지 이-른것 을 머리-숙여 부처님 께
윤 회고를 벗-어나 는 길이-오니 그리되 길

참 회합니- 다 참 회-합니- 다
비 옵나이- 다 비 옵-나이- 다

Fine

고맙습니다

작사 문재현
작곡 배신영
노래 채연희

이런이도 고 마웁고 저 런이도고 마우며
이런일도 없 었고- 저 런일도없 었고-
어려운일 없 었다면 안 되는일없 었다면
참 을인자공 덕이-어 질인자공 덕이-

모 - 두가고 맙습니 다- 음
모 - 두가없 었다-면
고 - 마움알 았으리 오-
이 - 리도큰 거란- 결-

음 백겁천 생 몹 - 쏠엄
알 고보 니 님 - 의은

장 닦지못했을 걸 고 - 마 워
혜 님의은혜일세 고 - 마 워

요 고 마워- 요 정말정 말
요 고 마워- 요 정말정 말

고 맙습 니 다 -
고 맙습 니 다 -

Fine

믿음으로 여는 세상

작사 문재현
작곡 배신영
노래 채연희

우리들모두가　부처님의지해 -　활짝열린가슴으로　써
우리들모두가　참선을할때는 -　모두비워명경지수　로

다 같이 도와서 -　살아들간 - 다면　훈풍같은앞날이리　라
참 나 를 관조해 -　실경에사 - 무쳐　깨달아서활짝웃는　날

아 - 즐 - 겁게　즐겁게마 - 음을　다스려참모습을　이루노라 면
아 - 즐 - 겁게　즐겁게법 - 담을　함으로꽃피울걸　맹세를하 고

정 - 토의 세상 이　우 리 를맞 - 으리　우리모두기도합시
정 - 진에 정진을　정 진 에정 - 진을　우리모두실천합시

다　다 같 이기 도합 시 -　다
다　다 같 이실 천합 시 -　다

Fine

출가재일

작사 문재현
작곡 배신영
노래 채연희

염원

작사 문재현
작곡 배신영
노래 채연희

우리네 삶, 고운 수로

작사 문재현
작곡 배신영
노래 채연희

숲속의 마음

작사 문재현
작곡 배신영
노래 채연희

Disco ♩ = 120

A F / Dm / Gm / C

F / B♭ / C / F

B F / Dm / Gm / F

푸른 숲 - 속의　　고 색 질 은 절 찾 아
깊 고 그 - 옥 한　　산 사 찾 아 온 마 음
사 람 다 - 움 을　　생 각 하 며 걷 는 길

F / B♭ / Dm / F

라 - 　라 - 　친 구 들 과　굽 이 굽 이
라 - 　라 - 　친 구 들 과　사 색 하 는
라 - 　라 - 　친 구 들 과　주 고 받 는

C / F / C / Dm

걷 는 길 　가　　계 곡 물 도　반 - 기 는
가 부 좌 에　　관 음 보 살　미 - 소 를
오 늘 의 　말　　길 가 별 도　조 - 용 한

C / F / Gm / F

소 리 좋 고 도　좋　아　　콧 - 노 래　응 -
짓 고 좋 고 도　좋　아 아　나 - 는 야　응 응 -
미 소 좋 고 도　좋　아　　맘 - 노 래　응 -

C / F

새 들 도 합 창 을 하　네　　**Fine**
마 음 꽃 활 짝 피 었　네
숲 길 도 어 깨 춤 추　네

사색

작사 대원 문재현
작곡 배신영

조 용 - 히 눈 - 감고 - 서 참 - 나를살펴 - 봐 요
조 용 - 한 사 - 색으 - 로 깨 - 달아살펴 - 보 면

갖은 생각 모든 행이 이로좇아있건만 - 은
온갖 지혜 모든 덕이 이로좇아있 - 음 - 에

색깔도모양도없어 알 - 고파서 사색일세 모든걸내려놓고 -
그능력베풀고펼쳐 누 - 리려고 수행일세 모두를다비우고 -

쉬는시간사색으 로 한걸음또한걸음 다가서는노력다해 기어이성취하여
님의자취따름으 로 한걸음또한걸음 극락세계다가가서 기어이성취하여

낙 원 의 - 삶 - 누 리 려 네
너 나 없 - 이 - 누 려 보 세

천부경을 아시나요

작사 대원 문재현
작곡 배신영

작사 대원 문재현
작곡 배신영

우리조상 깊－은진리 천부경을아시나 요
바른진리 깨－달아서 이세상을바로봐 요

여든 － － 한－자속에누 리의－온이치－ 를
마음 － － 의능－력으로펼 쳐놓은장엄－이－ 라

남김없이－ 담으셨－네－ 필부의사내－ 라 도
화려하고－ 아름답－네－ 이땅인이대－ 로 가

마음을－갈고닦－ 아 영원 한참－나께－ 처
낙원의－세계이－ 니 노래 와춤－으로－ 써

환인 － 큰은혜에 보답－해사 － 세
어깨 － 동무하고 영원－히사 － 세

보살가

작사 대원 문재현
작곡 김동환

너무느리지않게 ♩ = 80

세상사에어 울린 구 제의길

어려움도웃어넘긴 이 마음을   흰 구름너도알리 라

성불의보리과를 이루기위해   두타의 수행으로 써

이 세계 저 세계서 닦았던 보현행을 영원히 펼치 — 리

도서출판 문젠(Moonzen)의 책들

1~5. 바로보인 전등록 (전30권을 5권으로)

7불과 역대 조사의 말씀이 1,700공안으로 집대성되어 있는 선종 최고의 고전으로, 깨달음의 정수가 살아 숨쉬도록 새롭게 번역되었다.

464, 464, 472, 448, 432쪽.

각권 18,000원

6. 바로보인 무문관

황룡 무문 혜개 선사가 저술한 공안집으로 전등록, 선문염송, 벽암록 등과 함께 손꼽히는 선문의 명저이다.

본칙 48개와 무문 선사의 평창과 송, 여기에 역저자인 대원 문재현 선사의 도움말과 시송으로 생명과 같은 선문의 진수를 맛보여 주고 있다.

272쪽. 12,000원

7. 바로보인 벽암록

설두 선사의 설두송고를 원오 극근 선사가 수행자에게 제창한 것이 벽암록이다.

이 책은 본칙과 설두 선사의 송, 대원 문재현 선사의 도움말과 시송으로 이루어져, 벽암록을 오늘에 맞게 바로 보이고 있다.

456쪽. 15,000원

8. 바로보인 천부경

우리 민족 최고(最古)의 경전 천부경을 깨달음의 책으로 새롭게 바로 보였다. 이 책에는 81권의 화엄경을 81자에 함축한 듯한 천부경과, 교화경, 치화경의 내용이 함께 담겨 있으며, 역저자인 대원 문재현 선사가 도움말, 토끼뿔, 거북털 등으로 손쉽게 닦아 증득하는 문을 열어놓고 있다.

432쪽. 15,000원

9. 바로보인 금강경

대원 문재현 선사의 『바로보인 금강경』은 국내 최초로 독창적인 과목을 내어 부처님과 수보리 존자의 대화 이면의 숨은 뜻을 드러내고, 자문과 시송으로 본문의 핵심을 꿰뚫어 밝혀, 금강경 전체를 손바닥 안의 겨자씨를 보듯 설파하고 있다.

488쪽. 15,000원

10. 세월을 북채로 세상을 북삼아

대원 문재현 선사의 선시가 담긴 선시화집 『세월을 북채로 세상을 북삼아』는 선과 시와 그림이 정상에서 만나 어우러진 한바탕이다. 선의 세계를 누리는 불가사의한 일상의 노래, 법열의 환희로 취한 어깨춤과 같은 선시가 생생하고 눈부시게 내면의 소리로 흐른다.

180쪽. 15,000원

11. 영원한현실

애매모호한 구석이 없이 밝고 명쾌하여, 너무도 분명함에 오히려 그 깊이를 헤아리기 어려운, 대원 문재현 선사의 주옥같은 법문을 모아 놓은 법문집이다.

400쪽. 15,000원

12. 바로보인 신심명

신심명은 양끝을 들어 양끝을 쓸어버리는, 40대치법으로 이루어진, 3조 승찬 대사의 게송이다. 이를 대원 문재현 선사가 바로 번역하는 것은 물론, 주해, 게송, 법문을 더해 통쾌하게 회통하고 자유자재 농한 것이 이 『바로보인 신심명』이다.

296쪽. 10,000원

13~17. 바로보인 환단고기 (전5권)

『바로보인 환단고기』 1권은 민족정신의 정수인 환단고기의 진리를 총정리하여 출간하였다. 2권에는 역사총론과 태초에서 배달국까지 역사가 실려 있으며, 3권은 단군조선, 4권은 북부여에서부터 고려까지의 역사가 실려 있다. 5권에는 역사를 증명하는 부록과 함께 환단고기 원문을 실었다.

344 · 368 · 264 · 352 · 344쪽. 각권 12,000원

18~47. 바로보인 선문염송 (전30권)

선문염송은 세계최대의 공안집이다. 전 공안을 망라하다시피 했기에 불조의 법 쓰는 바를 손바닥 들여다보듯 하지 않고 는 제대로 번역할 수 없다. 대원 문재현 선사는 전 공안을 바로 참구할 수 있게끔 번역하고 각 칙마다 일러보였다.

352 368 344 352 360 360 400 440 376 392 384 428 410 380 368 434 400 404 406 440 424 460 472 456 504 528 488 488 480 512쪽 각권 15,000원

48. 앞뜰에 국화꽃 곱고 북산에 첫눈 희다

대원 문재현 선사의 선문답집으로 전강·경봉·숭산·묵산 선사와의 명쾌한 문답을 실었으며, 중앙일보의 <한국불교의 큰스님 선문답> 열 분의 기사와 기자의 질문에 대한 대원 문재현 선사의 별답을 함께 실었다.

200쪽. 5,000원

49. 바로보인 증도가

선종사에 사라지지 않을 발자취로 남은 영가 선사의 증도가를 대원 문재현 선사가 번역하고 법문과 송을 더하였다.

자비의 방편인 증도가의 말씀을 하나하나 쳐 가는 선사의 일갈이야말로 영가 선사의 본 의중과 일치하여 부합하는 것이라 아니할 수 없다.

376쪽. 10,000원

50. 바로보인 반야심경

이 시대의 야부(冶父)선사, 대원 문재현 선사가 최초로 반야심경에 과목을 붙여 반야심경 내면에 흐르는 뜻을 밀밀하게 밝혀놓고 거침없는 송으로 들어보였다.

264쪽. 10,000원

51~52. 선(禪)을 묻는 그대에게 (전10권 중 2권)

대원 문재현 선사의 선수행에 대한 문답집. 깨달아 사무친 경지에 대한 밀밀한 점검과, 오후보림에 대한 구체적인 수행법 제시와, 최초의 무명과 우주생성의 원리까지 낱낱이 설한 법문이 담겨 있다.

280쪽, 272쪽. 각권 15,000원

53. 바로보인 선가귀감

선가귀감은 깨닫고 닦아가는 비법이 고스란히 전수되어 있는 선가의 거울이라 할 만하다. 더욱이 바로보인 선가귀감은 매 소절마다 대원 문재현 선사의 시송이 화살을 과녁에 적중시키듯 역대 조사와 서산대사의 의중을 꿰뚫어 보석처럼 빛나고 있다.

352쪽. 15,000원

54. 바로보인 법융선사 심명

심명 99절의 한 소절, 한 소절이 이름 그대로 마음에 새겨두어야 할 자비광명들이다.
이 심명은 언어와 문자이면서 언어와 문자를 초월한 일상을 영위하게 하는 주옥같은 법문이다.

278쪽. 12,000원

55. 주머니 속의 심경

반야심경은 부처님이 설하신 경 중에서도 절제된 경으로 으뜸가는 경이다. 대원 문재현 선사의 선송(禪頌)도 그 뜻을 따라 간략하나 선의 풍미를 한껏 담고 있다. 하루에 한 소절씩을 읽고 참구한다면 선 수행의 지름길이 될 것이다.

84쪽. 5,000원

56. 바로보인 법성게

법성게는 한마디로 화엄경의 핵심부를 온통 훤출히 드러내놓은 게송이다. 짧은 글 속에 일체의 법을 이렇게 통렬하게 담아놓은 법문도 드물 것이다.
이렇게 함축된 법성게 법문을 대원 문재현 선사가 속속들이 밀밀하게 설해놓았다.

176쪽. 10,000원

57. 달다 - 전강 대선사 법어집

이제는 전설이 된 한국 근대선의 거목인 전강 선사님의 최상승법과 예리한 지혜, 선기로 넘쳤던 삶이 생생하게 담겨 있는 전강 대선사 법어집 < 달다 > !
전강 대선사님의 인가 제자인 대원 문재현 선사가 전강 대선사님의 법거량과 법문, 일화를 재조명하여 보였다.

 368쪽. 15,000원

58. 기우목동가

그 뜻이 심오하여 번역하기 어려웠던 말계 지은 선사의 기우목동가!
대원 문재현 선사가 바른 뜻이 드러나도록 번역하고, 간결한 결문과 주옥같은 선송으로 다시 보였다.

 146쪽. 10,000원

59. 초발심자경문

이 초발심자경문은 한문을 새기는 힘인 문리를 터득하게 하기 위하여 일부러 의역하지 않고 직역하였다.
대원 문재현 선사의 살아있는 수행지침도 실려 있다.

 266쪽. 10,000원

60. 방거사어록

방거사어록은 선의 일상, 선의 누림을 보여주는 대표적인 선문이다. 역저자인 대원 문재현 선사는 방거사어록의 문답을 '본연의 바탕에서 꽃피우는 일상의 함'이라 말하고 있다. 법의 흔적마저 없는 문답의 경지를 온전하게 드러내 놓은 번역과, 방거사와 호흡을 함께 하는 듯한 '토끼뿔'이 실려 있다.

306쪽. 15,000원

61. 실증설

이 책의 모태는 대원 문재현 선사가 2010년 2월 14일 구정을 맞이하여 불자들에게 불법의 참뜻을 보이기 위해 홀연히 펜을 들어 일시에 써내려간 이 책의 3부이다. 실증한 이가 아니고는 설파할 수 없는 일구 도리로 보인 이 3부와 태초로부터 영겁에 이르는 성품의 이치를 문답과 인터뷰 법문으로 낱낱이 설한 1, 2를 보아 실증하기를…

224쪽. 10,000원

62. 하택신회대사 현종기

육조대사의 법이 중국천하에 우뚝하도록 한 장본인, 하택신회대사의 현종기. 세간에 지해종도로 알려져 있는 편견을 불식시키는 뛰어난 깨달음의 경지가 여기에 담겨있다. 대원 문재현 선사가 하택신회대사의 실경지를 드러내고 바로보임으로써 빛냈다.

232쪽. 10,000원

63. 불조정맥 - 韓·英·中 3개국어판

석가모니불로부터 현 78대에 이르기까지 불
조정맥진영(佛祖正脈眞影)과 정맥전법게(正脈傳
法偈)를 온전하게 갖춘 최초의 불조정맥서.
대원 문재현 선사가 다년간 수집, 정리하여
기도와 관조 끝에 완성한 『불조정맥』을 3개
국어로 완역하였다.

216쪽. 20,000원

64. 바른 불자가 됩시다

참된 발심을 하여 바른 신앙, 바른 수행을
하고자 해도, 그 기준을 알지 못해 방황하는
불자님들을 위해 불법의 바른 길잡이 역할
을 하도록 대원 문재현 선사가 집필하여 출
간하였다.

162쪽. 10,000원

65. 누구나 궁금한 33가지

21세기의 인류를 위해 모든 이들이 가장 어
렵고 궁금해 하는 문제, 삶과 죽음, 종교와
진리에 대한 바른 지표를 제시하고자 대원
문재현 선사가 집필하여 출간하였다.

180쪽. 10,000원

66. 108진참회문 - 韓·英·中 3개국어판

전생의 모든 악연들이 사라져 장애가 없어지고, 소망하는 삶을 살게 하기 위해 대원 문재현 선사가 10계를 위주로 구성한 108 항목의 참회문이다. 한 대목마다 1배를 하여 108배를 실천할 것을 권한다.

170쪽. 15,000원

67. 달마의 일할도 허락지 않는다

대원 문재현 선사의 짧고 명쾌한 법문집. 책을 잡는 순간 달마의 일할도 허락지 않는 선기와 맞닥뜨리게 될 것이다. 때로는 하늘을 찌를 듯한 기세와, 때로는 흔적 없는 공기와도 같은 향기를 일별하기를…

190쪽. 10,000원

68. 마음대로 앉아 죽고 서서 죽고

생사를 자재한 분들의 앉아서 열반하고 서서 열반한 내력은 물론 그분들의 생애와 법까지 일목요연하게 수록해놓았다.

446쪽. 15,000원

69. 화두 - 韓·英·中 3개국어판

『화두』는 대원 문재현 선사의 평생 선문답의 결정판이다. 생생하게 살아있는 선(禪)을 한·영·중 3개국어로 만날 수 있다. 특히 대원 문재현 선사의 짧은 일대기가 실려 있어 그 선풍을 음미하는 데에 큰 도움을 주고 있다.

440쪽. 15,000원

70. 바로보인 간당론

법문하는 이가 법리를 모르고 주장자를 치는 것을 눈먼 주장자라 한다. 법좌에 올라 주장자 쓰는 이들을 위해서 대원 문재현 선사가 간당론에서 선리(禪理)만을 취하여 『바로보인 간당론』을 출간하였다.

218쪽. 20,000원

71. 완전한 우리말 불공예식법

부처님께 공양을 올리고 불보살님의 가피를 구하는 예법 등을 총칭하여 불공예식법이라 한다. 대원 문재현 선사가 이러한 불공예식의 본뜻을 살려서 완전한 우리말본 불공예식법을 출간하였다.

456쪽. 38,000원

72. 바로보인 유마경

유마경은 가히 불법의 최정점을 찍는 경전이라 할 것이니, 불보살님이 교화하는 경지에서의 깨달음의 실경과 신통자재한 방편행을 보여주는 최상승 경전이다. 대원 문재현 선사가 < 대원선사 토끼뿔 >로 이 유마경에 걸맞는 최상승법을 이 시대에 다시금 드날렸다.

568쪽. 20,000원

73. 실증설 5개국어판 - 韓·英·佛·西·中

대원 문재현 선사가 불법의 참뜻을 보이기 위해 홀연히 펜을 들어 일시에 써내려간 실증설! 실증한 이가 아니고는 설파할 수 없는 도리로 가득한 이 책이 드디어 영어, 불어, 스페인어, 중국어를 더하여 5개국어로 편찬되었다.

860쪽. 25,000원

74. 누구나 궁금한 33가지 3개국어판 - 韓·英·中

누구라도 풀어야 할 숙제인 33가지의 의문에 대한 답을 21세기의 현대인에게 맞는 비유와 언어로 되살린 『누구나 궁금한 33가지』가 한글, 영어, 중국어 3개국어로 출간되었다.

408쪽. 15,000원

75. 달마의 일할도 허락지 않는다 3개국어판 - 韓·英·中

대원 문재현 선사의 짧고 명쾌한 법문집인 『달마의 일할도 허락지 않는다』가 한글, 영어, 중국어 3개국어로 출간되었다. 전세계에서 유일하게 활선의 가풍이 이어지고 있는 한국, 그 가운데에서도 불조의 정맥을 이은 대원 문재현 선사가 살활자재한 법문을 세계로 전하고 있는 책이다.

308쪽. 15,000원

76~93. 화엄경 (전81권 중 18권)

대원 문재현 선사는 선문염송 30권, 전등록 30권을 모두 역해하여 세계 최초로 1,463칙 전 공안에 착어하였다. 이러한 안목으로 대천세계를 손바닥의 겨자씨 들여다보듯 하신 불보살님들의 지혜와 신통으로 누리는 불가사의한 화엄세계를 열어보였다.

206, 256, 264, 278, 240, 288, 276, 224, 220, 236, 200, 208, 252, 224, 258, 302, 270쪽. 각권 15,000원

94. 법성게 3개국어판 - 韓·英·中

법성게는 한마디로 화엄경의 핵심부를 훤출히 드러내놓은 게송으로 짧은 글 속에 일체법을 고스란히 담아 놓았다. 대원 문재현 선사의 통쾌한 법성게 법문이 한영중 3개국어로 출간되었다.

376쪽. 15,000원

95. 정법의 원류

『정법의 원류』는 불조정맥을 이은 정맥선원의 소개서이다. 정맥선원은 불조정맥 제77조 조계종 전강 대선사의 인가 제자인 대원 문재현 전법선사가 주재하는 도량이다. 『정법의 원류』를 통해 정맥선원 대원 문재현 선사의 정맥을 이은 법과 지도방편을 만날 수 있다.

444쪽. 20,000원

96. 바로보인 도가귀감

도가귀감은, 온통인 마음〔一物〕을 밝혀 회복함으로써, 생사를 비롯한 모든 아픔과 고를 여의어, 뜻과 같이 누려서 살게 하고자 한 도교의 뜻을, 서산대사가 밝혀놓은 책이다. 대원 문재현 선사가 부록으로 도덕경의 중대한 대목을 더하고, 그 대목대목마다 결문(決文)하였다.

218쪽. 12,000원

97. 바로보인 유가귀감

유가귀감은 서산대사가 간추려놓은 구절로서, 간결하지만 심오하기 그지없으니, 간략한 구절 속에서 유교 사상을 미루어볼 수 있게 하였다. 대원 문재현 선사가 그 뜻이 잘 드러나게 번역하고 그 대목대목마다 결문(決文)하였다.

236쪽. 15,000원

출간도서

바로보인 전등록 전 5권
바로보인 무문관
바로보인 벽암록
바로보인 천부경·교화경·치화경
바로보인 금강경
세월을 북채로 세상을 북삼아
영원한 현실
바로보인 신심명
바로보인 환단고기 전 5권
바로보인 선문염송 전 30권
앞뜰에 국화꽃 곱고 북산에 첫눈 희다
바로보인 증도가
바로보인 반야심경
선을 묻는 그대에게 1·2
바로보인 선가귀감
바로보인 법융선사 심명
주머니 속의 심경
바로보인 법성게
달다 -전강 대선사 법어집
기우목동가
초발심자경문
방거사어록

실증설
하택신회대사 현종기
불조정맥 - 한·영·중 3개국어판
바른 불자가 됩시다
누구나 궁금한 33가지
108진참회문 - 한·영·중 3개국어판
달마의 일할도 허락지 않는다
마음대로 앉아 죽고 서서 죽고
화두 - 한·영·중 3개국어판
바로보인 간당론
완전한 우리말 불공예식법
바로보인 유마경
실증설 5개국어판 - 한·영·불·서·중
누구나 궁금한 33가지 3개국어판
- 한·영·중
달마의 일할도 허락지 않는다
3개국어판 - 한·영·중
화엄경 전 81권 중 19권
법성게 3개국어판 - 한·영·중
정법의 원류
바로보인 도가귀감
바로보인 유가귀감

출간예정 도서

화엄경 20권 ~ 81권
바로보인 능엄경 제6권
바로보인 원각경
바로보인 육조단경
바로보인 대전화상주 심경
바로보인 전등록 전 30권
바로보인 위앙록
해동전등록
말 밖의 말
언어의 향기

대원 문재현 선송집
진리와 과학의 만남
바로보인 5대 종교
금강경 야부송과 대원선사 토끼뿔
선재동자 참알 오십삼선지식
경봉선사 혜암선사 법을 들어 설하다
십현담 주해
불교대전
태고보우선사어록

법문 MP3를 주문판매합니다

부처님의 78대손이신 대원(大圓) 문재현(文載賢) 전법선사님의 법문 MP3가 나왔습니다. 책으로만 보아서는 고준하여 알기 어려웠던 선문(禪文)의 이치들이 자세히 설하여져 있어서, 모든 궁금증을 시원하게 풀어줄 것입니다.

- 천부경 : 15,000원
- 신심명 : 30,000원
- 현종기 : 65,000원
- 기우목동가 : 75,000원
- 반야심경 : 1회당 5,000원 (총 32회)
- 선가귀감 : 1회당 5,000원 (총 80회)
- 금강경 : 40,000원
- 법성게 : 10,000원
- 법융선사 심명 : 100,000원

대원 선사님 작사 노래 CD 주문판매합니다

가슴으로 부르는
불심의 노래

1. 서 원가 (3:36)
2. 반조 염불가 (4:00)
3. 소중한 삶 (2:30)
4. 석가모니불 (4:52)
5. 맹서의 노래 (4:25)
6. 염원의 노래 (3:25)
7. 음성 공양 (3:51)
8. 발 심 가 (3:05)
9. 자비의 품 (4:10)
10. 부처님 은혜(첫 번째) (4:34)

11. 보살의 마음 (3:50)
12. 이 생에 해야할 일 (3:08)
13. 구도의 목표 (3:18)
14. 님은 아시네 (3:42)
15. 부처님 은혜(두 번째) (4:34)
16. 생로병인 오섯네 (3:10)
17. 내 문제는 내가 풀자 (2:38)
18. 즐거운 밤 (2:27)
19. 관 음 가 (2:48)

• 가격 : 2만원

가슴으로 부르는
불심의 노래 2

1. 부 처 님 (4:01)
2. 열반제일 (3:09)
3. 성도재일 (4:00)
4. 석굴암의 노래 (3:19)
5. 님의 모습 (3:15)
6. 믿고 따르세 (2:55)
7. 신병을 다하리 (4:17)
8. 부처님께 바치는 마음 (3:49)
9. 감사합니다 (3:10)
10. 교 육 가 (4:30)

11. 섬진강 초초 (3:08)
12. 원 수 가[1] (3:02)
13. 권 수 가[2] (3:02)
14. 우란분재일 (3:38)
15. 고맙습니다 (2:31)
16. 믿음으로 여는 세상 (3:05)
17. 출가재일 (2:44)
18. 열 원 (2:52)
19. 우리네 삶, 고운 수로 (2:35)
20. 숨속의 마음 (2:33)

• 가격 : 1만5천원

문의 전화 ☎ 031-534-3373

유튜브에서 채널 구독하시고
무료로 찬불가 앨범을 감상하세요

유튜브에서 MOONZEN을 검색하시거나
아래의 주소로 접속해주세요

http://www.youtube.com/user/officialMOONZEN

화엄경 19권은 도봉정사 서울정맥선원
조수혜님의 보시에 의해 출간되었습니다.
이 무량공덕으로 구경성불하시기를 기원
합니다.